★ 出国旅游、工作、学习、生活应急必备

马上开口说韩语

主编／刘伟 于晓璐

（第二版）

东南大学出版社
SOUTHEAST UNIVERSITY PRESS
南京

内容提要

《马上开口说韩语》一书特别汇集了出行韩国必备的千余个应急或日常会话的实用句子,涵盖了出行韩国经常遇到的场景。每句话都很简短、实用,一看就懂、一读就会。另外,我们还在本书的最后一章收集了一些日常生活的常用词汇,并将其进行了合理的归类。相信本书是您轻松应急的必备之选。

图书在版编目(CIP)数据

马上开口说韩语/刘伟,于晓璐主编. —2版. —南京:东南大学出版社,2014.8重印
 ISBN 978-7-5641-3727-4

Ⅰ.①马… Ⅱ.①于… Ⅲ.①朝鲜语—口语
Ⅳ.①H559.4

中国版本图书馆 CIP 数据核字(2012)第 187930 号

马上开口说韩语

主　　编	刘　伟　于晓璐	**责任编辑**	刘　坚
电　　话	(025)83793329/83362442(传真)		
电子邮件	liu-jian@ seupress.com		

出版发行	东南大学出版社	出版人	江建中
地　　址	南京市四牌楼 2 号(210096)	邮　编	210096
销售电话	(025)83792327/83794561/83794174/83794121/ 83795802/57711295(传真)		
网　　址	http://www.seupress.com 电子邮件 press@ seupress.com		

经　　销	全国各地新华书店	印　　刷	南京新洲印刷有限公司
开　　本	880mm×1230mm 1/64	印张 4	字数 100千字
版　　次	2014年8月第2版第6次印刷		
书　　号	ISBN 978-7-5641-3727-4		
定　　价	10.00元(含光盘)		

* 未经许可,本书内文字不得以任何方式转载、演绎,违者必究。
* 本社图书若有印装质量问题,请直接与营销部联系。电话:025-83791830。

前言

《马上开口说韩语》一书特别汇集了出行韩国必备的1000余句应急或日常的会话句子,涵盖了出行韩国的方方面面场景。每句话都很简短、管用,一看就懂,一读就会。另外还在后面追加了一些日常生活必备的常用词汇,并将其进行了合理的归类,是您轻松应急的实用之选。

为了让读者最大限度地利用日常零碎的时间进行学习,以提高韩语水平,我们特地在内容编辑、版式设计、声音录制等方面为读者考虑,特别邀请资深外教和标准普通话老师为每个句子进行中韩对照朗读配音。只要戴上耳机,就能轻松掌握应急句子。您可以走路、跑步、搭车、乘船,或站、或坐、或躺、或卧,随时听、随地听、反复听,轻松无压力!

总之,本书力求简明易懂、应急高效,让从零起点学习的读者的发音更为标准、地道,快速开口说韩语!相信本书能对您的出行大有帮助,祝您出行顺利愉快!

感谢齐林,卑琳、张晓燕、王红、田秋月、孙明、王赫男、王世华、李峰等对编写本书的大力协助!

编者

目 录

日常交际篇

1. 问候 ·· 1
2. 致歉 ·· 5
3. 感谢 ·· 8
4. 告别 ·· 12
5. 祝辞 ·· 17

情感交流篇

1. 介绍 ·· 21
2. 喜好 ·· 29
3. 天气 ·· 35
4. 时间 ·· 42
5. 电话 ·· 48

幸福旅行篇

1. 签证 ·· 54
2. 预订 ·· 59
3. 登机 ·· 61

4. 入境······68

轻松出行篇

1. 步行······75
2. 出租车······78
3. 公共汽车······81
4. 地铁······83
5. 火车······86

温馨入住篇

1. 登记······91
2. 服务······96
3. 退房······101

美食品尝篇

1. 邀请······104
2. 点菜······107
3. 吃饭······115
4. 结账······121

购物消费篇

1. 商场······123

2. 市场·················132

3. 超市·················136

休闲娱乐篇

1. 咨询·················138

2. 观光·················143

3. 比赛·················149

4. 电影·················152

5. 唱歌·················157

日常生活篇

1. 在银行···············164

   存取················164

   挂失················169

   兑换················171

2. 在邮局···············176

3. 在洗衣店·············181

4. 在理发店·············184

5. 在医院···············189

6. 在学校···············198

7. 在公司···············202

求助支援篇

1. 问路……………………………………207
2. 帮忙……………………………………210
3. 遭窃……………………………………214
4. 呼救……………………………………215
5. 警局……………………………………217
6. 语言不通………………………………219

单词必备篇

1. 数字……………………………………221
2. 时间……………………………………224
3. 交通……………………………………229
4. 体育……………………………………231
5. 电器……………………………………234
6. 颜色……………………………………236
7. 水果……………………………………237
8. 化妆品…………………………………239
9. 称谓……………………………………240
10. 情绪…………………………………244
11. 衣类…………………………………246

日常交际篇

1. 问候

韩文 안녕하세요?
谐音 安娘哈腮呦
中文 你好。

韩文 안녕하십니까?
谐音 安娘哈西姆你噶
中文 您好。

韩文 환영합니다.
谐音 花娘哈姆你嗒
中文 欢迎!

韩文 오래간만이군요.
谐音 欧来肝妈妮孤拗
中文 好久不见。

韩文 어서 오세요.
谐音 袄骚 欧腮呦
中文 请进。

韩文 요즘 잘 지내고 있어요?
谐音 有滋姆 擦儿 机耐沟 一扫呦
中文 最近过得好吗?

韩文 잘 있어요.
谐音 擦儿 一扫呦
中文 很好。

韩文 덕분에 잘 있습니다.
谐音 讨逋耐 擦儿 一丝姆你嗒
中文 托您的福,过得很好。

韩文 요즘은 바쁘세요?
谐音 有滋闷 巴逋腮呦
中文 最近忙吗?

韩文 많이 바쁜가 보네, 코빼기도 안 비쳐요.
谐音 马妮 巴奔嘎 波耐 扣掰各一兜 安 逼翘呦
中文 看起来很忙啊，也见不到人影。

韩文 어쩌다 니 소식 들었는데…
谐音 袄遭嗒 妮 艘西 的捞嫩带
中文 偶尔才有你的消息。

韩文 그리 바쁘지 않습니다.
谐音 科哩 巴逋机 安丝姆你嗒
中文 不太忙。

韩文 폐를 끼치게 됐습니다.
谐音 拍了儿 各一期该 杜埃 丝姆你嗒
中文 打搅您了。

韩文 천만의 말씀입니다.
谐音 糙恩妈耐 马儿丝咪姆你嗒
中文 哪儿的话。

韩文 아무 때나 오셔도 괜찮습니다.

谐音 阿牟 带那 欧削兜 观参丝姆你嗒

中文 您什么时候来都欢迎。

韩文 만나서 반갑습니다.

谐音 满那骚 班嘎丝姆你嗒

中文 能见到您真高兴。

韩文 오시느라고 수고많았습니다.

谐音 欧西呢拉沟 苏沟马那丝姆你嗒

中文 一路上辛苦了。

韩文 중국(한국) 방문을 환영합니다.

谐音 宗孤(憨孤) 帮姆呢儿 欢娘哈姆你嗒

中文 欢迎您来中国(韩国)访问。

韩文 이번 회의에 참석하신 것을 환영합니다.

谐音 一奔 恢一耶 参骚喀新 高色儿 欢娘哈姆你嗒

中文 欢迎您出席这次会议。

韩文 찾아주셔서 매우 기쁘게 생각합니다.
谐音 擦匝组笑骚 买乌 哥一部该 三嘎喀姆你嗒
中文 对于您的光临，我们感到很高兴。

2. 致歉

韩文 죄송합니다.
谐音 促癌松哈姆你嗒
中文 很抱歉。

韩文 미안합니다.
谐音 米阿那姆你嗒
中文 对不起。

韩文 괜찮습니다.
谐音 款参丝姆你嗒
中文 没关系。

韩文 잘 부탁드립니다.

谐音 擦儿 捕他的哩姆你嗒

中文 请多多指教。

韩文 죄송하게 생각합니다.

谐音 促癌松哈该 三嘎喀姆你嗒

中文 过意不去。

韩文 정말 미안합니다./죄송합니다.

谐音 聪妈儿 米阿哪姆你嗒/促癌松哈姆你嗒

中文 非常抱歉。

韩文 양해해 주십시오.

谐音 央嗨嗨 组西逼休

中文 请原谅。

韩文 문제없습니다.

谐音 们栽袄丝姆你嗒

中文 没有问题。

韩文 오래 기다리게 하였습니다.
谐音 欧来 科一嗒哩该 哈腰丝姆你嗒
中文 让您久等了。

韩文 지각하여서 죄송합니다.
谐音 起嘎咯腰骚 促癌松哈姆你嗒
中文 迟到了，对不起。

韩文 개의치 마십시오.
谐音 开一期 马西逎休
中文 别在意。

韩文 그만 화를 푸세요.
谐音 科慢 花了儿 扑腮呦
中文 别生气了。

韩文 나를 용서해 주세요.
谐音 那了儿 拥骚嗨 租腮呦
中文 饶了我吧。

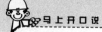

3. 感谢

>韩文 고맙습니다.
>谐音 口妈丝姆你嗒
>中文 谢谢。

>韩文 감사합니다.
>谐音 康仁哈姆你嗒
>中文 感谢。

>韩文 매우 고맙습니다.
>谐音 买乌 沟妈丝姆你嗒
>中文 非常感谢。

>韩文 대단히 감사합니다.
>谐音 胎嗒妮 康仁哈姆你嗒
>中文 非常感谢。

韩文 황송히 받겠습니다.
谐音 荒松一 巴该丝姆你嗒
中文 惶恐地接受。

韩文 감격해 마지 않습니다.
谐音 卡姆 哥腰开 马机 安丝姆你嗒
中文 感激不尽。

韩文 협조해 주셔서 대단히 감사합니다.
谐音 喝腰邹嗨 组削骚 呆嗒妮 康任哈姆你嗒
中文 多谢合作。

韩文 매우 쾌합니다.
谐音 买乌 乖哈姆你嗒
中文 我感到很愉快。

韩文 정말 좋으신 분입니다.
谐音 聪妈儿 邹饿新 逋妮姆你嗒
中文 您真好。

韩文 선생님의 호의를 입었습니다.

谐音 森三妮卖 躯一了儿 一包丝姆你嗒

中文 承蒙您的好意。

韩文 여러분이 정말 세심하게 준비하셨군요.

谐音 腰捞逋妮 聪妈儿 腮西妈该 尊逼哈削姑拗

中文 你们安排得真周到。

韩文 이 선물은 매우 아름답습니다.

谐音 一 森牟了恩 买乌 阿了姆嗒丝姆你嗒

中文 这件礼物很漂亮。

韩文 저를 맞이하러 공항(정거장)에 와 주셔서 감사합니다.

谐音 草了儿 马漆哈捞 空航（增高脏）耶 挖 组削骚 喀姆㕻哈姆你嗒

中文 谢谢您来机场（车站）迎接我。

韩文 친절한 환대에 감사합니다.

谐音 亲遭兰 欢带耶 康仁哈姆你嗒

中文 感谢你们的盛情款待。

韩文 도움을 자주 받습니다.

谐音 偷乌木儿 匝租 巴丝姆你嗒

中文 经常承蒙关照。

韩文 천만이에요.

谐音 糙恩妈妮耶呦

中文 不客气。

韩文 별말씀들 다 하십니다.

谐音 飘儿 妈儿丝的儿 嗒 哈西姆你嗒

中文 不敢当。

4. 告别

韩文 오래 있었습니다. 가봐야 하겠습니다.
谐音 欧来 一骚丝姆你嗒 卡巴呀 哈该丝姆你嗒
中文 时间不早了，我得走了。

韩文 날이 이미 늦었네요.
谐音 那哩 一咪 呢遭奈呦
中文 天色已晚。

韩文 좀 더 노시다 가세요.
谐音 奏 到 耨西嗒 嘎腮呦
中文 再坐一会儿吧。

韩文 또 오세요.
谐音 斗 欧腮呦
中文 欢迎您再来。

韩文 자주 놀러 오세요.
谐音 擦租 耨儿捞 欧腮呦
中文 常来玩。

韩文 잘 가세요.
谐音 擦儿 嘎腮呦
中文 请慢走。

韩文 잠시 후에 봅시다.
谐音 擦姆西 户耶 波遣西嗒
中文 一会儿见。

韩文 몸 조심하세요.
谐音 某姆 邹西妈腮呦
中文 请多保重。

韩文 이렇게 빨리 가십니까? 좀 더 노시면 좋겠는데요.
谐音 一捞开 爸儿哩 嘎西姆你嘎 奏 刀 耨西妙恩 邹该嫩带呦
中文 这么快就走了，再待些天多好啊。

韩文 오늘 잘 놀다 갑니다.
谐音 欧呢儿 擦儿 耨儿嗒 嘎姆你嗒
中文 今天玩得很好。

韩文 기회가 되면 우리 집에 놀러 오세요.
谐音 科一恢嘎 社埃 妙恩 乌哩 机掰 耨儿捞 欧腮呦
中文 有机会也来我家玩儿。

韩文 다음에 또 놀러 올게요.
谐音 它俄姆卖 斗 耨儿捞 欧儿该呦
中文 下次再过来玩。

韩文 제 안부를 전해 주세요.
谐音 采 安逋了儿 遭耐 组腮呦
中文 请代我问候他们。

韩文 언제 떠납니까?
谐音 袄恩在 到那姆你噶
中文 何时动身?

韩文 꼭 전해 드리겠습니다.
谐音 购 早耐 的哩该 丝姆你嗒
中文 我一定转告。

韩文 더 나오지 마세요.
谐音 涛 哪欧机 马腮呦
中文 请留步！

韩文 어서 돌아가세요.
谐音 袄骚 兜拉嘎腮呦
中文 请回吧。

韩文 안녕히 가세요.
谐音 安娘一 嘎腮呦
中文 再见。（主人对客人说）

韩文 안녕히 계세요.
谐音 安娘一 开腮呦
中文 再见。（客人对主人说）

韩文 잘 가요.
谐音 擦儿 嘎呦
中文 再见。(主人说的话)

韩文 조심히 가세요.
谐音 凑西咪 嘎腮呦
中文 路上小心。(主人说的话)

韩文 다음에 또 보자.
谐音 塔俄卖 斗 波匝
中文 下次再见。

韩文 연락 좀 하고 살자.
谐音 腰儿拉 奏 哈沟 仨儿匝
中文 常联系。

韩文 그럼 내일 봅시다.
谐音 科捞姆 耐一儿 波逮西嗒
中文 那我们明天见。

韩文 회사에서 봅시다.
谐音 恢仁耶扫 波逮西嗒
中文 公司见。

5. 祝辞

韩文 새해 복 많이 받으세요.
谐音 腮嗨 逋 马妮 巴的腮呦
中文 新年快乐。

韩文 메리크리스마스!
谐音 卖哩科哩丝妈丝
中文 圣诞快乐。

韩文 생일 축하합니다.
谐音 三一儿 粗喀哈姆你嗒
中文 生日快乐。

韩文 승진을 축하합니다.
谐音 僧机呢儿 粗喀哈姆你嗒
中文 恭喜升迁。

韩文 학업의 성공을 빕니다.
谐音 哈高掰 僧公儿 逼姆你嗒
中文 祝你学业有成。

韩文 항상 유쾌하시길 바랍니다.
谐音 航桑 优快哈西哥一儿 巴拉姆你嗒
中文 祝你快乐。

韩文 행복을 빕니다.
谐音 航逋哥儿 逼姆你嗒
中文 祝你幸福。

韩文 사랑해요!
谐音 仁朗嗨哟
中文 我爱你。

韩文 좋아해요.
谐音 凑阿嗨呦
中文 喜欢你。

韩文 두 분 모두 행복하시기를 바랍니다.
谐音 突 奔 某肚 航逮喀西哥一 了儿 巴拉姆你嗒
中文 祝你们二位幸福。

韩文 개업을 축하합니다.
谐音 开凹逮儿 粗喀哈姆你嗒
中文 恭喜开业。

韩文 새해 복 많이 받으시고 오래 오래 사세요.
谐音 腮嗨 连 马妮 巴的西沟 欧来 欧来 仨腮呦
中文 祝您新年快乐、健康长寿。

韩文 새해에는 더욱 더 건강하세요.
谐音 腮嗨耶嫩 到乌 刀 高恩刚哈腮呦
中文 祝您在新的一年里身体更加健康。

韩文 2009년에는 모든 소망이 다 이루어질 거야!
谐音 一糙恩姑尿耐嫩 某的恩 艘忙一 嗒 一噜凹机儿 高呀
中文 祝你在2009年梦想成真！

韩文 새해 부자되세요.
谐音 腮嗨 逋匜杜埃腮呦
中文 恭喜发财。

韩文 새해에는 다 잘 될거야.
谐音 腮嗨耶嫩 嗒 擦儿 杜埃儿高呀
中文 新的一年万事如意。

韩文 새해에는 행복하세요.
谐音 腮嗨耶嫩 航逋喀腮呦
中文 祝你新的一年里幸福快乐。

韩文 득남을 축하합니다.
谐音 特那姆儿 粗喀哈姆你嗒
中文 恭喜您喜得贵子。

情感交流篇

1. 介绍

韩文 제 소개를 하겠습니다.
谐音 采 艘该了儿 哈该丝姆你嗒
中文 我介绍一下。

韩文 제 성은 …이고 이름은 …입니다.
谐音 采 僧恩 …一沟 一了闷 …一姆你嗒
中文 我姓……,名字是……

韩文 제 이름은 …입니다.
谐音 采 一了闷 … 一姆你嗒
中文 我叫……

韩文 이것은 제 명함입니다.
谐音 一高森 栽 名哈咪姆你嗒
中文 这是我的名片。

韩文 이쪽은 저의 아버지(어머니, 아내, 딸, 아들, 친구)입니다.

谐音 一奏根 遭爱 阿包机（袄猫妮，阿耐，大儿，阿的儿，亲孤）一姆你嗒

中文 这是我的父亲（母亲、妻子、女儿、儿子、朋友）。

韩文 처음 뵙겠습니다.

谐音 糙俄姆 掰该丝姆你嗒

中文 初次见面。

韩文 만나서 반갑습니다.

谐音 满那骚 班嘎丝姆你嗒

中文 见到您很高兴。

韩文 잘 부탁드립니다.

谐音 擦儿 逋他的哩姆你嗒

中文 请多多关照。

韩文 존함은 오래 전에 들었어요.
谐音 村哈闷 欧来 遭奈 的捞扫呦
中文 久仰大名。

韩文 말씀 많이 들었습니다.
谐音 妈儿 丝姆 妈妮 的捞丝姆你嗒
中文 听说过您。

韩文 나이가 어떻게 돼요?
谐音 哪一嘎 袄到开 杜埃呦
中文 你多大了?

韩文 올해 12살입니다.
谐音 欧来 咬儿督仁哩姆你嗒
中文 我12岁。

韩文 저의 나이는 12세입니다.
谐音 草爱 哪一嫩 咬儿督腮一姆你嗒
中文 我的年龄是12岁。

韩文 중국 어디에 거주하고 있습니까?
谐音 宗孤 袄地耶 高租哈沟 一丝姆你噶
中文 你住在中国什么地方?

韩文 중국 어디에서 왔습니까?
谐音 宗孤 袄地耶嗉 挖丝姆你噶
中文 你从中国什么地方来的?

韩文 제가 살고 있는 곳은 광주입니다.
谐音 采嘎 仨儿沟 因嫩 沟森 光租一姆你嗒
中文 我现在住在广州。

韩文 학생이에요? 회사원이에요?
谐音 哈三一耶呦 恢仁窝妮耶呦
中文 你是学生还是工作了?

韩文 대전대학교에 재학중입니다
谐音 胎遭恩哈哥优耶 栽哈宗一姆你嗒
中文 现在是大田大学的学生。

韩文 저는 회사를 다니고 있습니다.
谐音 草嫩 恢仁了儿 嗒妮沟 一丝姆你嗒
中文 我在公司上班。

韩文 무슨 일을 합니까?
谐音 姆森 一了儿 哈姆你噶
中文 你做什么工作?

韩文 공무원(회사직원, 선생, 학생, 가정주부)입니다.
谐音 空木温(恢仁机滚, 森三, 哈三, 嘎增租遛) 一姆你嗒
中文 是公务员(公司职员、教师、学生、主妇)。

韩文 전공이 무엇이에요?
谐音 增公一 姆袄西耶呦
中文 你是学什么的?

韩文 문과계열(이과계열)을 배웁니다.
谐音 们瓜该腰（一公该腰）了儿 掰乌姆你嗒
中文 学文科（理工科）的。

韩文 한국에 처음 오셨어요?
谐音 憨孤该 糙额姆 欧笑骚呦
中文 你是第一次来韩国吗?

韩文 네, 처음입니다.
谐音 奈 糙俄咪姆你嗒
中文 是的，是第一次。

韩文 아니오, 3번째입니다.
谐音 阿妮欧 腮 奔在一姆你嗒
中文 不是，是第三次。

韩文 중국에 가 본 적이 있어요?
谐音 宗孤该 嘎奔.早哥一 一扫呦
中文 你去过中国吗?

韩文 가족이 몇 명이에요?
谐音 卡邹各一 秒 名一耶呦
中文 你家里有几口人?

韩文 …명입니다. 아버지, 어머니(아내, 아들, 딸)과 저입니다.
谐音 … 名一姆你嗒 阿包机,袄猫妮,阿耐(阿的儿,大儿)瓜 遭一姆你嗒
中文 ……口人。爸爸、妈妈(妻子、儿子、女儿)和我。

韩文 남자친구(여자친구)가 있어요?
谐音 南匝亲孤(咬匝亲孤)嘎 一扫呦
中文 有男朋友(女朋友)吗?

韩文 결혼 했어요?
谐音 科腰 漏恩 嗨扫呦
中文 你结婚了吗?

韩文 네, 결혼하였습니다.

谐音 奈 科腰 漏恩那腰丝姆你嗒

中文 是的,结婚了。

韩文 결혼하지 않았습니다. 독신입니다.

谐音 科腰 漏恩那机 阿那丝姆你嗒 兜西妮姆你嗒

中文 没结婚,是独身。

韩文 저는 부인(남편)이 있습니다.

谐音 草嫩 逋因(南飘恩)一 一丝姆你嗒

中文 我有爱人。

韩文 아이는 있어요?

谐音 阿一嫩 一扫呦

中文 你有小孩吗?

韩文 아이는 몇 살이에요?

谐音 阿一嫩 秒 仁哩耶呦

中文 小孩几岁了?

2. 喜好

韩文 취미는 뭐예요?
谐音 屈咪嫩 摸也呦
中文 你的爱好是什么?

韩文 독서 (음악, 악기, 우표모으기, 촬영, 인터넷채팅, 체육)입니다.
谐音 偷骚(俄妈, 阿各一, 乌飘某俄各一, 擦撩肮, 因特耐猜听, 猜优)一姆你嗒
中文 看书 (音乐、乐器、集邮、摄影、上网聊天、体育)。

韩文 평소에 뭐 좋아하세요?
谐音 飘肮艘耶 摸 邹阿哈腮呦
中文 平时喜欢做什么?

韩文 전 여행을 좋아하지만, 자주 돌아 다니진 않아요.

谐音 草恩 腰航儿 邹阿哈机慢 匝租 兜拉 嗒妮金 阿那呦

中文 喜欢旅游，但不经常出去转悠。

韩文 전 요리하는 걸 좋아해요.

谐音 草恩 优哩哈嫩 高儿 邹阿嗨呦

中文 我喜欢做菜。

韩文 취미는 인터넷쇼핑이고 특기는 운동입니다.

谐音 屈咪嫩 因特耐骚瓶一沟 特各一嫩 温东一姆你嗒

中文 我的爱好是网购，我的特长是运动。

韩文 좋아하는 운동은 뭐예요?

谐音 凑阿哈嫩 温东恩 摸也呦

中文 喜欢什么运动？

韩文 제일 좋아하는 운동은 무엇입니까?
谐音 采一儿 邹阿哈嫩 温东恩 木凹西姆你噶
中文 您最喜爱的体育运动是什么?

韩文 어느 스포츠를 좋아하십니까?
谐音 袄呢 丝剖疵了儿 邹阿哈西姆你噶
中文 爱好哪些体育运动?

韩文 가장 잘하는 스포츠종목은 무엇입니까?
谐音 卡脏 匝拉嫩 丝剖疵宗哞根 姆凹西姆你噶
中文 最擅长的体育项目是什么?

韩文 축구를 가장 좋아하는데 잘하는지 못합니다.
谐音 粗姑了儿 嘎脏 邹阿哈嫩带 匝拉嫩机 某 他姆你嗒
中文 我最喜爱足球,但是踢不好。

韩文 겨울에 스케이팅을 좋아하고 여름에 바닷가에 가서 수영하길 좋아합니다.

谐音 科腰乌来 丝开一听儿 邹阿哈沟 腰了卖 巴嗒嘎耶嘎骚 苏杨哈哥一儿 邹阿哈姆你嗒

中文 冬天我喜欢滑冰，夏天喜欢去海边游泳。

韩文 저는 탁구를 가장 잘 칩니다.

谐音 草嫩 他孤了儿 嘎脏 擦儿 期姆你嗒

中文 我最擅长打乒乓球。

韩文 저는 업무가 바빠서 스포츠 활동에 참가할 시간이 없습니다.

谐音 草嫩 袄姆嘎 巴爸臊 丝剖疵 花儿东耶 擦姆嘎哈儿 西嘎妮 袄丝姆你嗒

中文 我工作很忙，没有时间参加体育活动。

韩文 저는 요즘 다이어트를 하고 있습니다.

谐音 草嫩 腰滋姆 嗒一凹特了儿 哈沟 一丝姆你嗒

中文 最近我正在减肥。

韩文 몸매를 날씬하게 유지시켜 줄 뿐만 아니라 신체도 단련하지요.

谐音 牟卖了儿 那儿西那该 有机西科腰 组儿 部慢 阿妮拉 新猜兜 嗒儿撩哪机呦

中文 既能保持身材苗条，又锻炼了身体。

韩文 무슨 음악을 좋아하세요?

谐音 姆森 俄妈哥儿 邹阿哈腮呦

中文 喜欢什么音乐?

韩文 클래식(재즈, 가요, 락)을 좋아해요.

谐音 科儿来西（裁滋，嘎腰，拉）儿 邹阿嗨呦

中文 喜欢古典（爵士，流行，摇滚）音乐。

韩文 한국음식을 좋아하세요?

谐音 憨孤哥姆西各儿 邹阿哈腮呦

中文 你喜欢吃韩国料理吗?

韩文 너무 좋아해요.

谐音 恼木 邹阿嗨呦

中文 非常喜欢。

韩文 그닥 좋아하지 않아요.

谐音 科嗒 邹阿哈机 阿那呦

中文 不太喜欢。

韩文 저는 매운 것을 좋아합니다.

谐音 草嫩 买温 高色儿 邹阿哈姆你嗒

中文 我喜欢吃辣的东西。

韩文 중국요리를 먹어 본 적이 있으세요?

谐音 宗孤优哩了儿 猫高 奔 遭哥一 一丝腮呦

中文 你吃过中国菜吗?

韩文 무슨 중국요리를 좋아해요?

谐音 姆森 宗孤优哩了儿 邹阿嗨呦

中文 你喜欢吃什么中国菜?

韩文 물만두(라면)를 좋아합니다.
谐音 木儿慢督（拉面）了儿 邹阿哈姆你嗒
中文 喜欢吃饺子（拉面）。

韩文 기회가 있으면 중국에 놀러 오세요.
谐音 科一恢嘎 一丝妙恩 宗孤该 耨儿 捞 欧腮呦
中文 有机会请到中国来玩儿。

韩文 이것은 저의 주소(전화번호, 이메일주소)입니다. 중국에 오면 연락하세요.
谐音 一高森 遭爱 租骚（早奴阿包耨，一买一儿租艘）二姆你嗒 宗孤该 欧妙恩 腰几拉喀腮呦
中文 这是我的住址（电话号码、电子邮件信箱），来中国的话，请跟我联系。

3. 天气

韩文 오늘 날씨 어때요?
谐音 欧呢儿 那儿西 袄带呦
中文 今天天气怎么样？

韩文 한국 날씨 어때요?
谐音 憨孤 那儿西 袄带呦
中文 韩国天气怎么样?

韩文 일기예보를 들었어요?
谐音 一儿 哥一耶波了儿 的捞扫呦
中文 你听天气预报了吗?

韩文 들었어요. / 안 들어요.
谐音 的捞扫呦/安的捞呦
中文 听了。/ 没听。

韩文 일기예보에 의하면 내일 대제적으로 기온이 내리기 시작합니다.
谐音 一儿 各一也波耶 一哈妙恩 耐一儿 待猜遭各漏 各一欧妮 耐哩各一 西匹喀姆你嗒
中文 天气预报说,明天开始普遍降温。

韩文 오늘은 흐리다가 개는데 비는 오지 않아요.
谐音 欧呢了恩 喝哩嗒嘎 该嫩带 逼嫩 欧机 阿那呦
中文 今天阴转晴，没有雨。

韩文 눈이 와요.
谐音 奴妮 挖呦
中文 下雪。

韩文 바람이 불어요.
谐音 趴拉咪 逋捞呦
中文 刮风。

韩文 2~3급의 서남풍이 붑니다.
谐音 一三姆哥掰 骚南碰一 逋姆你嗒
中文 刮二~三级西南风。

韩文 비가 와요.
谐音 匹嘎 挖呦
中文 下雨。

韩文 화창해요.
谐音 花仓嗨呦
中文 天气好。

韩文 섭씨23도예요.
谐音 骚西 一西三姆斗也呦
中文 23摄氏度。

韩文 천둥이 쳤어요.
谐音 糙恩东一 敲扫呦
中文 打雷了。

韩文 번개 치면서 소나기가 내렸어요.
谐音 喷该 期妙恩臊 艘那哥一嘎 耐撩扫呦
中文 闪电了,下雨了。

韩文 장마가 시작돼요.
谐音 仓妈嘎 西匝杜埃呦
中文 阴雨季节开始了。

> 韩文 내일 날씨 어때요?
> 谐音 耐一儿 那儿西 袄带呦
> 中文 明天天气怎么样?

> 韩文 내일 날씨는 매우 좋아요.
> 谐音 耐一儿 那儿西嫩 买乌 邹阿呦
> 中文 明天天气非常好。

> 韩文 오늘 더워요(추워요, 시원해요, 습해요).
> 谐音 欧呢儿 刀窝呦（粗窝呦 西窝耐呦 丝拍呦）
> 中文 今天天热（冷、凉快、潮）。

> 韩文 숨이 막힐 정도로 덥습니다.
> 谐音 苏咪 马科一儿 增兜漏 到丝姆你嗒
> 中文 天热得人都喘不过气来。

> 韩文 내일 비가 온대요.
> 谐音 耐一儿 逼嘎 欧恩带呦
> 中文 明天要下雨啊!

韩文 태풍이 분다고 했어요.

谐音 胎烹一 奔嗒沟 嗨扫呦

中文 听说刮台风了。

韩文 최고기온은 몇 도입니까?

谐音 促癌沟哥一 欧嫩 秒 兜一姆你嘎

中文 最高气温是多少度?

韩文 최고기온은 섭씨 10도입니다.

谐音 促癌购各一欧嫩 扫西 西斗一姆你嗒

中文 最高气温是10度。

韩文 여기 올해 여름에 덥습니까?

谐音 腰哥一 欧来 腰了卖 刀丝姆你嘎

中文 今年夏天这里热吗?

韩文 저는 비 오는 날을 싫어해요.

谐音 草嫩 逼 欧嫩 那了儿 西捞嗨呦

中文 我讨厌下雨天。

韩文 베이징보다 서울이 더 덥습니까?
谐音 掰一京波嗒 骚乌哩 刀 到丝姆你噶
中文 首尔比北京热吗?

韩文 서울의 봄은 비교적 따뜻해요.
谐音 骚乌来 波闷 比哥呦早 大的胎呦
中文 首尔春天比较暖和。

韩文 서울은 가을이 제일 좋은 계절입니다.
谐音 骚乌了恩 嘎俄哩 采一儿 邹恩 该遭哩姆你嗒
中文 首尔的秋天是最好的季节。

韩文 날씨가 벌써 추워지기 시작했습니다.
谐音 那儿西嘎 包儿臊 粗窝机各一 西匹开丝姆你嗒
中文 天气已经冷起来了。

韩文 벌써 서리가 내려요.
谐音 包儿骚 骚哩嘎 奈撩呦
中文 已经挂霜了。

4. 时间

韩文 지금 몇 시예요?
谐音 期哥姆 秒 西也呦
中文 现在几点?

韩文 7시 30분입니다.
谐音 一儿沟西 三姆西逋妮姆你嗒
中文 7点30分。

韩文 지금 정각 5시입니다.
谐音 起哥姆 增嘎 嗒骚西一姆你嗒
中文 现在正好5点。

韩文 지금 3시 15분입니다.
谐音 期哥姆 腮西 西波逋妮姆你嗒
中文 现在3点一刻。

韩文 지금 5시 5분전입니다.
谐音 起哥姆 嗒骚西 欧本遭妮姆你嗒
中文 现在差5分5点。

韩文 지금 8시가 넘었습니다.
谐音 起哥姆 腰到儿西嘎 恼猫丝姆你嗒
中文 现在已经8点多了。

韩文 오늘은 몇 일입니까?
谐音 欧呢了恩 秒 气哩姆你噶
中文 今天几号?

韩文 12월 25일입니다.
谐音 西逼乌儿 一西波一哩姆你嗒
中文 12月25号。

韩文 오늘은 무슨 요일입니까?
谐音 欧呢了恩 姆森 优一哩姆你噶
中文 今天是星期几?

> **韩文** 토요일입니다.
> **谐音** 偷优一哩姆你嗒
> **中文** 是星期六。

> **韩文** 아침에 몇 시에 일어납니까?
> **谐音** 阿期卖 秒 西耶 一捞哪姆你噶
> **中文** 早上几点起床?

> **韩文** 아침 6시에 일어납니다.
> **谐音** 阿期姆 咬臊西耶 一捞哪姆你嗒
> **中文** 6点起床。

> **韩文** 저녁 몇 시에 잠을 잡니까?
> **谐音** 草鸟 秒 西耶 匝木儿 匝姆你噶
> **中文** 晚上几点睡觉?

> **韩文** 11시에 잠을 잡니다.
> **谐音** 咬兰西耶 匝木儿 匝姆你嗒
> **中文** 11点睡觉。

> **韩文** 몇 시에 출근하십니까?
> **谐音** 秒 西耶 出儿哥哪 西姆你噶
> **中文** 几点上班?

> **韩文** 8시 반에 출근해요.
> **谐音** 咬到儿西 巴耐 出儿哥耐呦
> **中文** 8点半上班。

> **韩文** 몇 시에 퇴근해요?
> **谐音** 秒 西耶 土爱哥耐呦
> **中文** 几点下班?

> **韩文** 5시에 퇴근해요.
> **谐音** 塔骚西耶 土爱哥耐呦
> **中文** 5点下班。

> **韩文** 하루에 몇 시간씩 근무해요?
> **谐音** 哈噜耶 秒 西肝细 根木嗨呦
> **中文** 一天工作几小时?

韩文 하루에 8 시간씩 근무해요.

谐音 哈噜耶 咬到儿 西肝细 根木嗨呦

中文 一天工作8小时。

韩文 언제 회의를 합니까?

谐音 袄恩在 恢一了儿 哈姆你噶

中文 什么时候开会?

韩文 월요일에 회의를 합니다.

谐音 窝溜一来 恢一了儿 哈姆你嗒

中文 星期一开会。

韩文 언제 출장 가세요?

谐音 袄恩在 出儿脏 嘎腮呦

中文 什么时候出差?

韩文 10월 3일입니다.

谐音 西波儿 仁咪哩姆你嗒

中文 10月3号。

韩文 얼마동안 출장 가세요?
谐音 袄儿妈东安 粗儿脏 嘎腮呦
中文 出差多长时间?

韩文 약 7일정도 출장 갑니다.
谐音 呀 期哩儿增兜 粗儿脏 嘎姆你嗒
中文 大概7天。

韩文 언제 돌아오십니까?
谐音 袄恩在 兜拉欧西姆你噶
中文 什么时候回来?

韩文 아마 다음 달에 돌아올 거예요.
谐音 阿妈 嗒俄姆 嗒来 兜拉欧儿 高也呦
中文 大概下个月回来。

韩文 주말에 뭘 해요?
谐音 粗妈来 木儿 嗨呦
中文 周末干什么?

韩文 주말에 집에 돌아갑니다.

谐音 粗玛来嫩 机骈 兜拉嘎姆你嗒

中文 周末回家。

5. 电话

韩文 여보세요. …입니까?

谐音 腰波腮呦 ……一姆你噶

中文 喂。是……吗?

韩文 여보세요, 어디십니까?

谐音 腰波腮呦 袄地西姆你噶

中文 喂,你是哪里?

韩文 누구세요?

谐音 奴孤腮呦

中文 你是谁?

韩文 박 선생님 댁이에요?
谐音 帕 森三妮 呆哥一耶呦
中文 是朴先生家吗?

韩文 그렇습니다, 누구를 찾습니까?
谐音 科捞丝姆你嗒 奴孤了儿 擦丝姆你噶
中文 是的，您找谁啊?

韩文 박 선생님 좀 바꿔 주세요.
谐音 帕 森三妮 奏 巴郭 组腮呦
中文 请找一下朴先生.

韩文 박 선생님은 지금 안 계시는데요?
谐音 帕 森三妮闷 机哥姆 安 该西嫩带呦
中文 朴老师不在吗?

韩文 잠깐만 기다리세요.
谐音 参肝慢 哥一嗒哩腮呦
中文 请稍等。

韩文 저입니다.
谐音 草一姆你嗒
中文 我就是。

韩文 지금 통화중입니다.
谐音 起哥姆 通花宗一姆你嗒
中文 他正在接电话。

韩文 이 시간에 전화를 해서 죄송합니다.
谐音 一 西嘎奈 遭奴阿 了儿 嗨骚 粗爱松哈姆你嗒
中文 这个时间给您打电话,真是不好意思。

韩文 다음에 다시 전화하겠습니다.
谐音 嗒额卖 嗒西 遭奴阿哈该丝姆你嗒
中文 下次我再打电话。

韩文 그 분이 돌아오시면 저에게 전화를 해 달라고 전해 주세요.
谐音 科 逋妮 兜拉欧西妙恩 遭耶该 遭奴阿 了儿 嗨 嗒儿拉沟 遭耐 组腮呦

中文 那请您转告他，回来以后给我回个电话。

韩文 전화번호는 몇 번입니까?
谐音 草奴阿包耨嫩 秒 包 妮姆你噶
中文 您的电话是多少?

韩文 국제전화를 걸고 싶은데요.
谐音 孤在遭阿 了儿 高儿沟 西喷带呦
中文 我要打国际长途。

韩文 이 전화를 어떻게 겁니까?
谐音 一 遭奴阿 了儿 祆到开 高姆你噶
中文 这个电话怎么打?

韩文 좀 크게 말씀하세요. 잘 들리지 않습니다.
谐音 奏 科该 马儿丝妈腮呦 擦儿 的儿哩机 安丝姆你嗒
中文 请大点儿声，我听不清楚。

韩文 전화요금은 어떻게 지불하시겠습니까?
谐音 草奴阿优哥闷 袄到开 机遗拉西该丝姆你噶
中文 电话费怎么付？

韩文 여기서 낼게요.
谐音 腰哥一膄 耐儿该呦
中文 我来付。

韩文 수신자 부담으로 해 주세요.
谐音 苏新匝 逋嗒姆漏 嗨 组腮呦
中文 对方付费。

韩文 전화번호를 말씀해 주세요.
谐音 遭奴啊包耨了儿 马儿丝卖 组腮呦
中文 请告诉电话号码。

韩文 중국 베이징 123-4567번입니다.
谐音 宗孤 掰一京 一哩三姆 萨欧又期儿包妮姆你嗒
中文 中国北京123-4567。

> **韩文** 끊지 말고 기다려 주세요.
> **谐音** 根机 马儿沟 各一嗒撩 组腮呦
> **中文** 请稍等,别挂电话。

> **韩文** …로 전화를 하려고 해요. 지역번호를 알려 줄 수 있어요?
> **谐音** …漏 早奴阿 了儿 哈撩沟 嗨呦 机腰包耨了儿 阿儿撩 组儿 苏一扫呦
> **中文** 我想往……打电话,能告诉我那里的区号吗?

> **韩文** 시내 전화는 어떻게 하죠?
> **谐音** 西耐 遭奴阿嫩 袄到开 哈就
> **中文** 市内电话怎么打?

> **韩文** 먼저 9번을 누르고, 상대방 전화번호를 누르세요.
> **谐音** 们遭 孤包呢儿 奴了沟 桑待帮 遭奴阿包耨了儿 奴了腮呦
> **中文** 先拨九,再拨对方号码。

幸福旅行篇

1. 签证

韩文 무슨 일로 오셨어요?
谐音 姆森 一儿漏 欧笑扫呦
中文 有什么事?

韩文 비자를 신청하러 왔어요.
谐音 匹匝了儿 新仓哈捞 挖扫呦
中文 申请签证来了。

韩文 출입국비자수속을 해야 합니다.
谐音 粗哩孤逼匹苏艘各儿 嗨呀 哈姆你嗒
中文 要办出入境签证手续。

韩文 비자수속은 국체적으로 어떻게 합니까?
谐音 批匹苏艘根 孤猜遭各漏 袄到开 哈姆你嘎
中文 签证手续具体怎么办理?

韩文 어디에 가서 비자수속을 합니까?
谐音 袄地耶 嘎骚 逼匝苏艘各儿 哈姆你嘎
中文 在什么地方办理签证?

韩文 이 서류에 기입해 주세요.
谐音 一 骚溜爱 各一 一掰嗨 组腮呦
中文 请填这张表。

韩文 이 서류외에 어떤 것이 필요합니까?
谐音 一 骚溜歪耶 袄到恩 高西 批溜哈姆你嘎
中文 除这张表外,还需要什么?

韩文 무엇을 가지고 가야 합니까?
谐音 姆凹色儿 嘎机沟 嘎呀 哈姆你嘎
中文 要带什么东西?

韩文 사진 여섯 장과 초청장 사본을 내세요.
谐音 仁金 咬骚 脏瓜 凑仓脏 仁波呢儿 耐腮呦
中文 交六张照片和邀请函的复印件。

> **韩文** 그 서류를 채워서 내 주세요.

> **谐音** 科 骚溜了儿 猜窝腮 耐 组腮呦

> **中文** 材料备齐后交上来。

> **韩文** 신청서와 증명서를 함께 가지고 가야 합니다.

> **谐音** 新仓骚挖 增名骚了儿 哈姆该 嘎机购 嘎呀 哈姆你嗒

> **中文** 将填好的申请表连同证件一块儿带去。

> **韩文** 신청서에 써 넣을 때 틀리게 쓴 글자를 고칠 수 있습니까?

> **谐音** 新仓骚耶 腮 恼儿 带 特儿哩该 森 各儿匹了儿 沟期儿 苏 一丝姆你噶

> **中文** 填写申请表时，写错了字可以修改吗？

> **韩文** 일반적으로 안 됩니다.

> **谐音** 一儿班遭各漏 安 杜埃姆你嗒

> **中文** 一般不能。

> 韩文 삼일이면 돼요.
> 谐音 仁咪哩妙恩 杜埃呦
> 中文 三天以后。

> 韩文 초청장을 보여 주시겠어요?
> 谐音 凑仓脏儿 波咬 组西该扫呦
> 中文 能给我看一下邀请书吗?

> 韩文 한국 어디서 초청했어요?
> 谐音 憨孤 袄地噪 凑仓嗨扫呦
> 中文 韩国什么地方邀请的?

> 韩文 초청장 여기 있어요.
> 谐音 凑仓脏 咬各一 一扫呦
> 中文 给您。

> 韩文 한국에는 얼마 동안 계실 계획이세요?
> 谐音 憨孤该嫩 袄儿妈 东安 该西儿 该恢各一腮呦
> 中文 您打算在韩国待多久?

韩文 출입국비자를 한 다음에 아무때나 갈 있습니까?

谐音 粗哩孤逼匹了儿 憨 嗒俄卖 阿木带那 嘎儿 苏 一姆你噶

中文 办好了出入境签证,是不是哪一天都可以走?

韩文 유효기간에 아무날이나 출국할 수 있습니다.

谐音 有喝优 各一嘎耐 阿木那哩那 粗儿孤喀儿 苏 一丝姆你嗒

中文 在有效期间内,随便哪一天走都可以。

韩文 이 신청서대로 서류를 준비해 주세요.

谐音 一 新仓骚呆漏 骚溜了儿 尊逼嗨 组腮呦

中文 按照申请表上说的准备材料吧。

韩文 신청서를 내면 얼마만에 비자가 나오지요?

谐音 新仓骚了儿 耐妙恩 袄儿妈妈耐 逼匹嘎 哪欧就

中文 交了申请书,签证多久能下来呀?

>韩文 이주일이에요.
>谐音 一租一哩耶呦
>中文 两周。

2. 预订

>韩文 한국으로 가는 비행기표 한 장 예약하고 싶어요.
>谐音 憨孤哥漏 嘎嫩 逼航各一飘 憨 脏 也呀喀购 西抛呦
>中文 我想订一张去韩国的机票。

>韩文 먼저 이 예약표를 기입하세요.
>谐音 们造 一 也呀飘了儿 各一一趴腮呦
>中文 请先填好这张预订单。

>韩文 이 비행기표 날짜를 바꿀 수 있어요?
>谐音 一 逼航各一飘嘎 那儿匝了儿 巴孤儿 苏 一扫呦
>中文 这机票可以改日期吗?

韩文 이 비행기표를 환불할 수 있습니까?

谐音 一 逼航各一飘了儿 欢诨拉儿 苏 一丝姆你噶

中文 这机票可以退票吗?

韩文 영수증을 떼 주세요.

谐音 杨苏增儿 带 组腮呦

中文 麻烦您给我开一张收据。

韩文 영수증이 없으면 정산할 수 없습니다.

谐音 杨苏增一 袄丝妙恩 增三那儿 苏 袄丝姆你嗒

中文 没有收据我回去不能报销。

韩文 싱글룸을 하나 예약하려는데 가격이 얼마예요?

谐音 星哥儿噜木儿 哈那 也呀咯撩嫩带 嘎哥腰 各一 袄儿妈也呦

中文 我想预订一间标准间,价格是多少?

韩文 큰 침대가 있는 싱글룸 잡아 주세요.
谐音 科恩 期姆带嘎 因嫩 星哥儿噜 匝巴 组腮呦
中文 我要大床的单人标准间。

韩文 더불룸을 잡아 주세요.
谐音 涛逋儿噜木儿 匝巴 组腮呦
中文 我要双人床的标准间。

韩文 숙박비용에 아침식사가 포함되어 있나요?
谐音 苏巴逼拥耶 阿气西仁嘎 剖哈姆井杜埃凹 因那呦
中文 住宿费包括早餐吗?

3. 登机

韩文 이 짐은 탁송해야 합니다.
谐音 一 机闷 他松嗨呀 哈姆你嗒
中文 这件行李需要托运。

韩文 일인당 어느 정도의 짐을 휴대할 수 있습니까?

谐音 一淋当 祆呢 增兜爱 机木儿 喝优呆哈儿 苏 一丝姆你噶

中文 每个人允许携带多少行李?

韩文 저는 모두 세 개의 짐이 있습니다.

谐音 草嫩 某肚 腮 该爱 机咪 一丝姆你嗒

中文 我一共有三件行李。

韩文 중량초과 짐은 얼마를 내야 합니까?

谐音 宗量凑瓜 机闷 祆儿妈了儿 耐呀 哈姆你噶

中文 行李超重费是多少?

韩文 트렁크를 열어 주세요.

谐音 特棱科了儿 咬捞 组腮呦

中文 请打开箱子。

韩文 이짐은 2000달러의 가치가 있으니 보험 가입을 해야 합니다.

谐音 一机闷 一糙恩 嗒儿捞爱 嘎期嘎 一丝妮 波好姆嘎 一波儿 嗨呀 哈姆你嗒

中文 这件行李价值2000美元,需要保险。

韩文 어디에서 짐을 찾습니까?

谐音 袄地耶骚 机木儿 擦丝姆你噶

中文 在哪儿取行李?

韩文 제 짐이 없어졌습니다.

谐音 采 机咪 袄骚浇丝姆你嗒

中文 我的行李不见了。

韩文 이것은 제 짐 꼬리표입니다.

谐音 一高森 栽 机姆 购哩飘一姆你嗒

中文 这是我的行李标签。

韩文 어디에서 탑승수속을 합니까?

谐音 袄地耶骚 他僧苏艘各儿 哈姆你噶

中文 在哪儿办理登机手续?

韩文 창측 좌석을 주세요.

谐音 仓疵 租阿骚各儿 组腮呦

中文 请给我靠窗的位置。

韩文 이것은 선생님의 탑승권입니다, 받으세요.

谐音 一高森 骚恩三你脉 他僧郭妮姆你嗒 趴的腮呦

中文 这是你的登机牌,请拿好。

韩文 몇 번 게이트에서 탑승합니까?

谐音 秒 奔 该一特爱臊 他僧哈姆你噶

中文 在几号登机口登机?

韩文 이 비행기는 정각에 이륙할 수 있습니까?

谐音 一 逼航各一嫩 增噶该 一溜喀儿 苏 一丝姆你噶

中文 这班飞机能准时起飞吗?

韩文 얼마나 늦겠습니까?
谐音 袄儿妈那 呢该丝姆你噶
中文 将晚点多长时间?

韩文 언제 탑승합니까?
谐音 袄恩在 他僧哈姆你噶
中文 什么时候登机?

韩文 제 자리는 7열 A 석입니다.
谐音 采 匹哩嫩 期 撩儿 A 骚各一姆你嗒
中文 我的座位是7排A座。

韩文 제 자리가 어디입니까?
谐音 采 匹哩嘎 袄地一姆你噶
中文 我的座位在哪儿?

韩文 여기에 앉으면 됩니까?
谐音 咬各一耶 安滋妙恩 杜埃姆你噶
中文 我可以坐在这里吗?

韩文 미안합니다만 지나가겠습니다.
谐音 咪阿那姆你嗒慢 机那噶该丝姆你嗒
中文 对不起，让我过去一下。

韩文 자리를 잘 못 앉아서 죄송합니다.
谐音 擦哩了儿 匝儿 哞 安匝骚 促癌松哈姆你嗒
中文 对不起，我坐错了座位。

韩文 안전벨트를 매십시요.
谐音 安遭恩 掰儿特了儿 卖西逋休
中文 请系好安全带。

韩文 물 한 잔 주세요.
谐音 木儿 憨 簪 组腮呦
中文 请给我一杯水。

韩文 모포와 베개 좀 주세요.
谐音 哞剖哇 掰该 奏 组腮呦
中文 请拿毛毯和枕头给我。

韩文 담배를 피워도 괜찮습니까?
谐音 塔姆掰了儿 批窝兜 观参丝姆你噶
中文 我可以抽烟吗?

韩文 서울에 도착하려면 얼마나 걸립니까?
谐音 骚乌来 兜擦喀撩妙恩 袄儿妈那 高儿 哩姆你噶
中文 到达首尔需要多少时间?

韩文 우리 지금 어디로 날고 있습니까?
谐音 乌哩 机各姆 袄地漏 哪儿沟 一丝姆你噶
中文 我们现在飞到哪了?

韩文 중국어 신문이 있습니까?
谐音 宗孤高 新木妮 一丝姆你噶
中文 有没有中文报纸?

韩文 비행기에서 면세품을 팝니까?
谐音 匹航各一耶臊 妙恩腮扑木儿 扒姆你噶
中文 飞机上出售免税商品吗?

韩文 비행기멀미가 납니다. 약 좀 주세요.
谐音 匹航各一 猫儿哩咪嘎 那姆你嗒 压 奏 组腮呦
中文 我晕机了，请给我一些药。

4. 入境

韩文 이곳에서 입국심사를 받습니까?
谐音 一沟腮骚 一孤西姆仨了儿 巴丝姆你噶
中文 是在这里接受入境检查吗？

韩文 외국인은 저쪽으로 가 주십시오.
谐音 歪孤各一嫩 早奏各漏 嘎 组西谑休
中文 不是，外国人请到那边去。

韩文 어느 나라 사람입니까?
谐音 袄呢 那拉 仨拉咪姆你噶
中文 您是哪国人？

韩文 어디에서 오셨어요?
谐音 袄地耶骚 欧笑扫呦
中文 从哪里来的?

韩文 중국에서 왔어요.
谐音 宗孤该骚 挖扫呦
中文 中国。

韩文 한국에 뭘 하러 오셨어요?
谐音 韩孤该 木儿 哈捞 欧笑扫呦
中文 到韩国来的目的是什么?

韩文 여행하러 왔어요.
谐音 咬航哈捞 挖扫呦
中文 旅游。

韩文 여행 목적이 무엇이죠?
谐音 咋航 哞遭各一 姆袄西就
中文 请问您的旅行目的是什么?

韩文 한국어를 배우러 왔습니다.
谐音 韩孤高了儿 百乌捞 挖丝姆你嗒
中文 来学韩国语。

韩文 한국에 얼마 동안 머무르실 예정입이까?
谐音 韩孤该 袄儿妈 东安 猫姆了西儿 也增一姆你噶
中文 您准备在韩国逗留多长时间?

韩文 두 달 동안 체류할 계획입니다.
谐音 土 嗒儿 东安 猜溜哈儿 该恢各一姆你嗒
中文 我准备呆两个月。

韩文 여권하고 비행기표 보여 주세요.
谐音 咬郭那沟 逼航各一飘 波腰 组腮呦
中文 请把护照和机票给我看看。

韩文 여권과 입국카드를 내 주세요.
谐音 咬滚瓜 一孤喀的了儿 耐 组腮呦
中文 请出示护照和入境卡。

韩文 비자(신고서)를 좀 보여 주세요.
谐音 匹匹（新购扫）了儿 奏 波腰 组腮呦
中文 让我看看你的签证（申请表）。

韩文 여기 있어요.
谐音 咬各一 一扫呦
中文 给你。

韩文 어느 짐이 선생의 것입니까?
谐音 袄呢 机咪 森三爱 高西姆你嘎
中文 哪件行李是您的?

韩文 이 트렁크, 핸드백하고 이 가방입니다.
谐音 一 特棱科 憨的掰哈沟 一 嘎帮一姆你嗒
中文 这个箱子，这个提包和随身带的这个皮包。

韩文 이 트렁크 안에는 무슨 물건이 있습니까?
谐音 一 特棱科 阿耐嫩 姆森 姆儿高妮 一丝姆你嘎
中文 这个箱子里装的是什么?

韩文 옷과 약간의 일용품입니다.
谐音 欧瓜 呀嘎耐 一撩拥扑咪姆你嗒
中文 衣服和一些日用品。

韩文 이 핸드백을 좀 열어 주세요.
谐音 一 憨的掰儿 奏 咬捞 组腮呦
中文 请打开这个提包。

韩文 개인휴대품입니다.
谐音 该因喝优呆扑咪姆你嗒
中文 是我个人随身携带品。

韩文 간단한 선물입니다.
谐音 肝嗒南 骚恩木哩姆你嗒
中文 是小礼品。

韩文 현금을 얼마나 가지고 왔습니까?
谐音 喝腰恩哥木儿 祆儿妈那 嘎机沟 挖丝姆你噶
中文 您带了多少现金?

>韩文< 10만 달러를 가지고 왔습니다.
>谐音< 星慢 嗒儿捞了儿 嘎机沟 挖丝姆你嗒
>中文< 十万美金。

>韩文< 특별히 신고하실 물건 있습니까?
>谐音< 特标哩 新购哈西儿 木儿 高恩 一丝姆你噶
>中文< 有特别要申报的东西吗?

>韩文< 신고서에 쓴 물건을 보여 주세요.
>谐音< 新购膆耶 森 木儿高呢儿 波腰 组腮呦
>中文< 让我看看申报表上的物品。

>韩文< 개인당 몇kg 초과하면 안 됩니까?
>谐音< 该因当 秒 科一儿漏咪掏儿 凑瓜哈 妙恩 安 杜埃姆你噶
>中文< 每个人不得超过多少公斤?

>韩文< 금지품은 없습니까?
>谐音< 科宙机扑闷 袄丝姆你噶
>中文< 有没有违禁品?

韩文 그럼 어떻게 해야 합니까?

谐音 科捞姆 袄到开 嗨呀 哈姆你噶

中文 那怎么办呢?

韩文 가방을 닫으셔도 됩니다.

谐音 卡帮儿 嗒的削兜 杜埃姆你嗒

中文 可以把包拉起来了。

韩文 짐무게를 달아 주세죠.

谐音 机木该了儿 嗒拉 组腮呦

中文 称一下行李的重量。

韩文 초과 무게만큼 내신 후 가져 가십시오.

谐音 凑瓜 姆该满科姆 耐新 户 嘎浇 嘎西逋休

中文 那请你交了超重费再走。

韩文 미처 몰랐습니다.

谐音 咪糙 某儿拉丝姆你嗒

中文 我事先不知道。

> 韩文　이 VCR을, 잠시 여기에 두세요.
> 谐音　一 VCR儿 匝姆西 咬各一耶 督腮呦
> 中文　这台录像机暂时先放在这儿。

> 韩文　언제 찾아갈 수 있습니까?
> 谐音　袄恩在 擦匝嘎儿 苏 一丝姆你噶
> 中文　什么时候能取走?

> 韩文　그럼 부탁드립니다.
> 谐音　可捞姆 不他的哩姆你嗒
> 中文　那么,拜托了。

轻松出行篇

1. 步行

> 韩文　주한 중국대사관은 어떻게 가요?
> 谐音　胎仁瓜嫩 袄到开 嘎呦
> 中文　去中国大使馆怎么走?

韩文 앞으로 가세요.
谐音 阿扑漏 嘎腮呦
中文 请往前走。

韩文 이 길을 따라 쭉 가면 됩니다.
谐音 一 各一 了儿 大拉 租 嘎妙恩 杜埃姆你嗒
中文 顺着马路一直走就到了。

韩文 앞으로 곧장 100미터쯤 가세요.
谐音 阿扑漏 沟脏 百咪涛滋姆 嘎腮呦
中文 一直往前走100米左右。

韩文 오른쪽으로 도세요.
谐音 欧了恩奏哥漏 兜腮呦
中文 请往右拐。

韩文 앞으로 곧장 가다가 왼쪽으로 도세요.
谐音 阿扑漏 沟脏 嘎嗒嘎 温奏哥漏 兜腮呦
中文 请往前走,然后往左拐。

韩文 여기서 멉니까?
谐音 咬各一骚 猫姆你嘎
中文 离这儿远吗?

韩文 멀지 않습니다.
谐音 猫儿机 安丝姆你嗒
中文 不远。

韩文 다음 사거리에서 지하도를 건너면 왼쪽에 있어요.
谐音 塔俄姆 仨高哩耶骚 机哈兜了儿 靠恼妙恩 温奏该一扫呦
中文 在下个十字路口处过地下通道,左边就是。

韩文 걸어가면 몇 분이 걸려요?
谐音 考捞嘎妙恩 秒 迪妮 高儿撩呦
中文 走着去,需要几分钟?

韩文 걸어서 얼마나 걸립니까?

谐音 考捞骚 袄儿妈那 高儿 哩姆你噶

中文 步行需要多长时间?

韩文 걸어서 5분이면 됩니다.

谐音 考捞腺 欧谥妮妙恩 杜埃姆你嗒

中文 走路5分钟就到了。

韩文 약 30분 걸립니다.

谐音 压 仨姆西奔 高儿 哩姆你嗒

中文 大约需要30分钟。

2. 出租车

韩文 어서 오세요. 어디로 가십니까?

谐音 袄骚 欧腮呦 袄地漏 嘎西姆你噶

中文 您好,要去哪儿?

韩文 서울호텔로 가 주세요.
谐音 骚乌漏胎儿漏 嘎 组腮呦
中文 去首尔饭店。

韩文 시간이 얼마나 걸리죠?
谐音 西嘎妮 袄儿妈那 高儿哩就
中文 要走多长时间?

韩文 두 시간 정도 걸려요.
谐音 土 西肝 增兜 高儿撩呦
中文 大约需要两个小时。

韩文 돌아 가지 마세요.
谐音 兜拉 嘎机 马腮呦
中文 请你别绕远啊。

韩文 안전에 주의하세요.
谐音 安遭耐 组一哈腮呦
中文 请注意安全。

韩文 급한 일이 있는데요, 빨리 가 주세요.
谐音 可潘 一哩 因嫩带呦 巴儿哩 嘎 组腮呦
中文 我有急事儿，请抓紧点儿。

韩文 여기에서 5분만 기다려 주시겠어요?
谐音 咬各一耶骚 欧奔慢 各一嗒撩 组西该扫呦
中文 能在这等我5分钟吗？

韩文 요금이 이렇게 비싸게 나와요?
谐音 呦哥咪 一捞开 逼仁该 那挖呦
中文 费用怎么这么贵？

韩文 영수증을 주세요.
谐音 扬苏增儿 组腮呦
中文 请给我收据。

韩文 8시에 …로 제를 데리 와 주세요.
谐音 咬到儿西耶 …漏 遭了儿 待哩捞 挖 组腮呦
中文 请8点，到……接我。

3. 公共汽车

韩文 버스정류장은 어디예요?
谐音 包丝增溜脏恩 袄地也呦
中文 公共汽车站在哪?

韩文 …에 가려고 해요. 번 호 버스를 타면 되나요?
谐音 …耶 嘎撩沟 嗨呦 秒 奔 包丝了儿 他妙恩 杜埃那呦
中文 我要去……，乘几路公共汽车好?

韩文 이것이 …에 가는 버스인가요?
谐音 一高西 …耶 嘎嫩 包丝因噶呦
中文 这是开往……的公共汽车吗?

韩文 버스를 타시는 것이 더 빠를 거예요.
谐音 包丝了儿 他西嫩 高西 到 巴了儿 高也呦
中文 乘公共汽车更快。

韩文 어디서 내려야 합니까?
谐音 袄地骚 耐撩呀 哈姆你嘎
中文 我应该在什么地方下车?

韩文 어디에서 차를 갈아타는 것이 더 편리합니까?
谐音 袄地耶臊 擦了儿 嘎拉他嫩 高西 到 飘儿哩哈姆你嘎
中文 在什么地方换车比较方便?

韩文 …역은 몇 번째 역이에요?
谐音 …要根 秒 奔在 腰各一耶呦
中文 对不起,……站是第几站?

韩文 알겠습니다. 감사합니다.
谐音 阿儿该丝姆你嗒 康仁哈姆你嗒
中文 好的,谢谢。

4. 지하철

韩文 공원은 어떻게 가면 되죠?
谐音 空窝嫩 袄到开 嘎妙恩 杜埃就
中文 公园怎么走?

韩文 지하철이 제일 빠르고 편리해요.
谐音 机哈糙哩 栽一儿 巴了沟 飘儿哩嗨呦
中文 坐地铁最快，又方便。

韩文 몇 호선을 타야 합니까?
谐音 秒 齁骚呢儿 他呀 哈姆你噶
中文 应该坐几号线?

韩文 6 호선을 타세요.
谐音 有 沟骚呢儿 他腮呦
中文 要坐6号线地铁。

韩文 여기서 얼마나 가야 되죠?

谐音 咬各一骚 祆儿妈那 嘎呀 杜埃就

中文 从这儿要坐多少站?

韩文 10 정거장만 더 가면 돼요.

谐音 西 增高脏慢 到 嘎妙恩 杜埃呦

中文 坐 10 站就可以了。

韩文 공원이 지하철역에서 가깝나요?

谐音 公窝妮 机哈糟料该臊 嘎尬那呦

中文 公园离地铁站远不远?

韩文 아주 가까워요. 바로 지하철 출구 앞에 있어요.

谐音 阿租 噶尬窝呦 趴漏 机哈糟儿 粗儿孤 阿拍 一扫呦

中文 很近, 就在地铁站出口处。

韩文 이 지하철이 …까지 가나요?
谐音 一 机哈糙哩 …尬机 嘎那呦
中文 这地铁去不去……?

韩文 어느 역에서 내려야 되죠?
谐音 袄呢 腰该骚 耐撩呀 杜埃就
中文 我应在哪一个站下车?

韩文 …역에서 내리세요.
谐音 …腰该骚 耐哩腮呦
中文 在……站下车。

韩文 …역에서 걸어 갈 수 있나요?
谐音 …腰该骚 高捞 嘎儿 苏 因哪呦
中文 可以从……站走路吗?

韩文 버스나 택시를 타시는 게 좋을 거예요.
谐音 包丝哪 胎西了儿 他西嫩 该 邹儿 高也呦
中文 坐公共汽车或出租汽车好。

5. 火车

韩文 매표구는 어디예요?
谐音 卖飘孤嫩 袄地也呦
中文 售票处在哪儿?

韩文 기차 시간표가 있어요?
谐音 科一擦 西肝飘嘎 一扫呦
中文 有列车时刻表吗?

韩文 …로 가려고 해요. 기차 번호와 시간을 알려 줄 수 있어요?
谐音 …漏 嘎撩沟 嗨呦 科一擦 包褥挖 西嘎呢儿 阿儿撩 组儿 苏 一扫呦
中文 我要去……，能帮我查一下车次和时间吗?

韩文 서울로 일등 침대 두 장 주세요.
谐音 骚乌儿漏 一儿等 气姆带 督 脏 组腮呦
中文 我要两张去首尔的软卧。

韩文 기차는 정시운행합니까?
谐音 科一擦嫩 增西 乌奶恩 哈姆
中文 列车是正点运行吗?

韩文 몇 시에 탈 수 있어요?
谐音 秒 西耶 他儿 苏 一骚呦
中文 几点可以上车?

韩文 기차의 대합실은 어디예요?
谐音 科一擦爱 带哈西了恩 袄地也呦
中文 火车的候车室在哪儿?

韩文 기차의 개찰구는 어디예요?
谐音 科一擦爱 该擦儿孤嫩 袄地也呦
中文 检票口在哪儿?

韩文 …호 플랫폼은 어디예요?
谐音 …鲔 扑儿来扑闷 袄地也呦
中文 ……号站台在哪里?

韩文 서울로 가려면 여기에서 검표해야 돼요?
谐音 骚乌儿漏 嘎撩妙恩 腰各一耶骚 高姆飘嗨呀 杜埃呦
中文 去首尔是在这儿检票吗?

韩文 서울로 가려면 어느에서 플랫폼 차를 타요?
谐音 骚乌儿漏 嘎撩妙恩 袄呢耶臊 扑儿来扑 擦了儿 他呦
中文 去首尔从哪个站台上车?

韩文 실례지만 …객자(객실)가 어디 있나요?
谐音 西儿来机满 …该擦（该西儿）嘎 袄地 一骚呦
中文 请问,……车厢在哪里?

韩文 물건을 보관시킬 곳이 있어요?
谐音 木儿高呢儿 波观西科一儿 沟西 一扫呦
中文 有可以存东西的地方吗?

韩文 저는 …호석이에요. 당신도 그쪽이에요?
谐音 草嫩 …齁骚各一耶呦 唐新斗 哥奏各一耶呦
中文 我是……号车厢的……号座位,您也是这里吗?

韩文 이 자리가 비어 있어요?
谐音 一 匝哩嘎 逼凹 一扫呦
中文 这个座位没人吧?

韩文 좌석을 바꿀 수 있어요?
谐音 粗阿骚各儿 巴孤儿 苏 一扫呦
中文 我们能对换一下座位吗?

韩文 정기장에 도착하면 알려 주세요.
谐音 增各一脏耶 兜擦喀妙恩 阿儿撩 组腮呦
中文 麻烦您到站时告诉我们一下。

韩文 역에 음식점이 있어요?
谐音 咬该 俄姆西遭咪 一扫呦
中文 车站里有吃饭的地方吗?

韩文 몇 시에 …역에 도착해요?
谐音 秒 西耶 … 腰该 兜擦开呦
中文 这趟车几点到达……站?

韩文 …역에 도착하려면 몇 시간이 걸려요?

谐音 …腰该 兜擦咯撩妙恩 秒 西嘎妮 高儿撩呦

中文 到……站还有多少时间?

韩文 화장실에 갔다 와야하는데 자리 좀 봐주시겠어요?

谐音 花脏西来 嘎咕 挖呀哈嫩带 匝哩 奏 巴 组西该扫呦

中文 我去一下洗手间,能帮我看一下座位吗?

韩文 저는 …역에서 내리려고 해요.

谐音 草嫩 …腰该骚 耐哩撩呦 嗨呦

中文 我准备在……站下车的。

韩文 저는 …에서 내립니다. 만일 잠들어 있다면 깨워 주실 수 있어요?

谐音 草嫩 …耶骚 耐哩姆你嗒 马妮儿 匝姆的捞 一嗒秒恩 该窝 组西儿 苏 一扫呦

中文 对不起,我在……车站下车,要是睡着了,能叫我一声吗?

温馨入住篇

1. 登记

韩文 투숙하려고 하는데요.
谐音 突苏哈撩沟 哈嫩带呦
中文 我要住宿。

韩文 남는 방 하나 있나요?
谐音 南嫩 帮 哈那 因哪呦
中文 有没有空房间了?

韩文 예약하셨나요?
谐音 也呀喀削恩哪呦
中文 您预订了吗?

韩文 공항에서 예약했습니다.
谐音 空航耶骚 也呀开丝姆你嗒
中文 在机场预订的。

韩文 예약하지 않아도 되나요?
谐音 也呀喀机 阿哪兜 杜埃哪呦
中文 没有预订也可以入住吗?

韩文 지금 체크인하고 싶습니다.
谐音 起各姆 猜科一哪沟 西丝姆你嗒
中文 我想现在入住。

韩文 조용한 방을 주세요.
谐音 凑拥憨 帮儿 组腮呦
中文 我要安静的房间。

韩文 햇빛이 있는 방을 원해요.
谐音 嗨逼期 因嫩 帮儿 窝耐呦
中文 我想要个阳面的房间。

韩文 하루 투숙하려고 해요.
谐音 哈噜 突苏喀撩沟 嗨呦
中文 住一天。

韩文 하루 숙박료가 얼마입니까?
谐音 哈噜 苏帮妞嘎 袄儿妈一姆你噶
中文 住一天房费多少钱?

韩文 하룻밤에 얼마예요?
谐音 哈噜巴卖 袄儿妈也呦
中文 一宿多少钱?

韩文 싼 방 없어요?
谐音 三 帮 袄扫呦
中文 有没有便宜点的房间?

韩文 주민등록증 좀 보여 주세요.
谐音 租民灯漏增 奏 波腰 组腮呦
中文 请出示一下身份证。

韩文 숙박카드에 써 주세요.
谐音 苏巴喀的耶 臊 组腮呦
中文 请填写一下住宿卡。

韩文 숙박카드 작성은 어떻게 해야 하나요?
谐音 苏巴喀的 匝僧恩 袄到开 嗨呀 哈哪呦
中文 住宿登记卡应该怎么填啊?

韩文 여기에다 써요?
谐音 腰各一耶嗒 臊呦
中文 是在这儿写吗?

韩文 어디에 싸인 할까요?
谐音 袄地耶 仨因 哈儿噶呦
中文 在哪儿签名?

韩文 이렇게 써 넣으면 되나요?
谐音 一捞开 臊 孬俄妙恩 杜埃哪呦
中文 这样填完就可以吗?

韩文 요금에 조식은 포함되어 있나요?
谐音 呦哥买 邹西哥恩 剖哈姆 杜埃凹 因那呦
中文 费用包括早餐吗?

韩文 짐을 보관할 수 있어요?
谐音 机木儿 包观哈儿 苏 一扫呦
中文 能寄存行李吗?

韩文 짐을 맡기고 싶습니다.
谐音 机木儿 马科一沟 西丝姆你嗒
中文 我想存行李。

韩文 열쇠를 주세요.
谐音 咬儿 苏爱 了儿 组腮呦
中文 请给我钥匙。

韩文 방을 바꾸고 싶습니다.
谐音 帮儿 巴孤沟 西丝姆你嗒
中文 我想换一下房间。

韩文 싱글침대로 바꾸고 싶어요.
谐音 星哥儿 期姆带漏 巴孤沟 西抛呦
中文 我想换个单人间。

> 韩文 하루 더 묵고 싶은데 가능하겠습니까?
> 谐音 哈噜 到 木购 西喷带 嘎能哈该丝姆你噶
> 中文 想多住一天，可以吗?

> 韩文 또 무엇이 필요합니까?
> 谐音 斗 姆祆西 批溜哈姆你噶
> 中文 您还需要什么服务?

2. 服务

> 韩文 룸 서비스를 부탁합니다.
> 谐音 噜姆 骚逼丝 了儿 逋他喀姆你嗒
> 中文 要房间服务。

> 韩文 모닝콜 부탁드립니다.
> 谐音 某宁抠儿 逋他的哩姆你嗒
> 中文 请提供叫早服务。

韩文 전화로 모닝콜 부탁해요.
谐音 草奴阿漏 哞宁抠儿 逋他开呦
中文 请早晨打电话叫醒我。

韩文 열쇠를 안에다 두고 나왔는데 보조열쇠 있으면 주십시오.
谐音 腰儿 苏埃 了儿 阿耐嗒 督沟 哪完嫩带 波邹腰儿 苏埃 一丝妙恩 组西逋休
中文 钥匙落在房间里了,请给我一把备用钥匙。

韩文 방 좀 깨끗이 정리해 주세요.
谐音 帮 奏 该哥西 增哩嗨 组腮呦
中文 能打扫一下房间吗?

韩文 인터넷 할 수 있나요?
谐音 因特耐 哈儿 苏 因哪呦
中文 可以上网吗?

韩文 여기서 국제전화 가능한가요?
谐音 咬各一骚 孤在遭奴阿 嘎能憨嘎呦
中文 这儿能打国际长途吗?

韩文 택시를 불러 줄 수 있나요?
谐音 胎西了儿 逋儿捞 组儿 苏 因哪呦
中文 能帮我叫辆出租车吗?

韩文 전등이 어두워요.
谐音 草恩灯一 袄督窝呦
中文 电灯不亮。

韩文 에어컨이 망가졌네요.
谐音 耶凹考妮 忙嘎浇耐呦
中文 空调坏了。

韩文 티비에서 영상이 왜 안 나오죠?
谐音 踢逼耶骚 腰恩桑一 歪 安 哪欧就
中文 电视怎么不出图像了?

韩文 더운 물이 없어요.
谐音 掏温 木哩 袄扫呦
中文 没有热水了。

韩文 수도 꼭지에 물이 새어 나와요.
谐音 苏兜 购机耶 木哩 腮凹 哪挖呦
中文 水龙头总滴水。

韩文 변기 물이 내려가지 않아요.
谐音 篇各一木哩 奈撩嘎机 阿那呦
中文 便池里的水冲不下去了。

韩文 화장실 안에 휴지를 다 썻네요.
谐音 花脏西 拉耐 喝优机了儿 嗒 臊恩耐呦
中文 卫生间里的手纸用完了。

韩文 밖으로 어떻게 전화를 해요?
谐音 趴哥漏 袄到开 遭奴阿 了儿 嗨呦
中文 怎样打外线？

韩文 사용방법을 가르쳐 주세요.
谐音 仁拥帮包迶儿 嘎了敲 组腮呦
中文 请告诉我使用方法。

韩文 이 옷들은 빨아야 할 것들입니다.
谐音 一 欧的了恩 巴拉呀 哈儿 高的哩姆你嗒
中文 这些衣服是要洗的。

韩文 빨래는 다 끝났나요?
谐音 巴儿来嫩 嗒 根南哪呦
中文 衣服洗好了吗?

韩文 이곳은 아침 식사를 제공합니까?
谐音 一沟森 阿气姆 西仁了儿 栽公哈姆你噶
中文 这里提供早餐吗?

韩文 아침 식사는 언제예요?
谐音 阿气姆 西仁嫩 袄恩在也呦
中文 早餐是什么时候?

韩文 아침 식사 주문했습니다.
谐音 阿气姆 西仁 组木耐丝姆你嗒
中文 我早上点了一份早餐。

韩文 7시에 아침식사를 방으로 갖다 주세요.
谐音 一儿沟西耶 阿期姆西仁了儿 帮俄漏 嘎嗒 组腮呦
中文 七点把早餐送到我房间里来。

韩文 제 방 열쇠를 잃어버렸어요.
谐音 采 帮 腰儿 苏埃 了儿 一捞包撩扫呦
中文 我的房间钥匙丢了。

3. 退房

韩文 체크아웃하겠습니다.
谐音 才科阿乌 哈该丝姆你嗒
中文 我要退房。

韩文 계산해 주세요.
谐音 该仨耐 组腮呦
中文 结算一下。

韩文 오늘 퇴실할 겁니다.
谐音 欧呢儿 土爱 西儿 哈儿 高姆你嗒
中文 我今天要退房。

韩文 오늘 나가지 않을 겁니다.
谐音 欧呢儿 哪嘎机 阿呢儿 高姆你嗒
中文 今天不打算出去。

韩文 좀 더 머무를 계획입니다.
谐音 奏 到 猫木了儿 该恢各一姆你嗒
中文 想再多住几天。

韩文 며칠 더 숙박하려고 합니다.
谐音 秒期儿 到 苏巴喀撩沟 哈姆你嗒
中文 我想多住几天。

韩文 이틀 연장하겠습니다.
谐音 一特儿 延脏哈该丝姆你嗒
中文 延长两天。

韩文 물건을 잊어버린지 않았는지 찾아보시기 바랍니다.
谐音 木儿高呢儿 一遭包拎机 阿那嫩机 擦匝波西各一 巴拉姆你嗒
中文 请检查一下，是否忘记什么东西了。

韩文 머무르는 동안 편안하셨습니까?
谐音 猫木了嫩 东安 飘那那削丝姆你嘎
中文 这几天住得舒服吗?

韩文 신용카드 괜찮나요?
谐音 西妞拥喀的 观参哪呦
中文 可以刷卡吗?

>韩文 신용카드를 사용할 수 있습니까?
>谐音 西妞拥卡的了儿 仁拥哈儿 苏 一丝姆你嘎
>中文 你们接受信用卡吗?

>韩文 여행자 수표를 받습니까?
>谐音 咬航匝 苏飘了儿 巴丝姆你嘎
>中文 你们接收旅行支票吗?

>韩文 제 짐을 로비로 내려 주세요.
>谐音 采 机木儿 漏逼漏 耐撩 组腮呦
>中文 请把我的行李搬到大厅。

美食品尝篇

1. 邀请

>韩文 식사 했습니까?
>谐音 西仁嗨丝姆你嘎
>中文 你吃饭了没有?

>韩文 저녁식사 하세요.
>谐音 草尿西仁 哈腮呦
>中文 吃晚饭吧。

>韩文 내일 저녁 우리 집에서 식사나 합시다.
>谐音 耐一儿 早尿 乌哩 机掰骚 西仁那 哈逼西嗒
>中文 明晚请来舍下吃顿饭。

>韩文 오늘 내가 한턱 내겠습니다.
>谐音 欧呢儿 耐噶 憨 涛 耐该丝姆你嗒
>中文 今天我作东,请你们吃饭。

>韩文 고맙습니다만, 저는 방금 먹었어요.
>谐音 口妈丝姆你嗒慢 草嫩 帮各姆 卯高扫呦
>中文 谢谢,我刚吃完。

>韩文 그럼 같이 점심 식사합시다.
>谐音 可捞姆 嘎气 早姆 西姆 西仁哈逼西嗒
>中文 那么一起吃午饭吧。

韩文 그 사람이 정식으로 식사초대를 했어요.
谐音 可 仁拉咪 增西哥漏 西仁凑呆了儿 嗨扫呦
中文 他正式邀请我们一起吃饭。

韩文 가지 마시고 함께 식사합시다.
谐音 卡机 马西沟 哈姆该 西仁哈逋西嗒
中文 留下一起吃饭吧。

韩文 같이 식사하러 갈까요?
谐音 卡气 西仁哈捞 嘎儿噶呦
中文 我们一起去吃饭,好不好?

韩文 같이 밥을 먹으러 갑시다.
谐音 卡气 巴逋儿 卯哥漏 嘎逋西嗒
中文 一起去吃饭吧。

韩文 식사 좀 같이 합시다.
谐音 西仁 奏 噶气 哈逋西嗒
中文 一起来吃点儿饭吧。

> **韩文** 식사는 다음에 같이 하겠습니다.
> **谐音** 西仁嫩 嗒俄卖 嘎气 哈该丝姆你嗒
> **中文** 下次再一起吃饭吧。

> **韩文** 식사하러 가자, 내가 한턱 내지.
> **谐音** 西仁哈捞 嘎匝 耐嘎 憨涛 耐机
> **中文** 我们吃饭去,我请。

> **韩文** 식사하면서 이야기 할까요?
> **谐音** 西仁哈妙恩骚 一呀各一 哈儿噶呦
> **中文** 我们边吃边谈怎么样?

2. 点菜

> **韩文** 이 근처에 괜찮은 음식점이 있습니까?
> **谐音** 一 根糙耐 观擦嫩 俄姆西遭咪 一丝姆你噶
> **中文** 附近有好的餐馆吗?

韩文 흡연(금연)석을 주세요.
谐音 喝边(哥妙恩)骚哥儿 组腮呦
中文 要吸烟(禁烟)的座位。

韩文 식사 예약하고 싶은데요.
谐音 西仁 也呀咯沟 西喷带呦
中文 我想订餐。

韩文 오늘 저녁 식사 예약하고 싶은데요.
谐音 欧呢儿 早尿 西仁 也呀咯沟 西喷带呦
中文 今晚我要预订一张桌子。

韩文 메뉴가 있어요?
谐音 买妞嘎 一扫呦
中文 有菜谱吗?

韩文 메뉴판을 좀 보여 주세요.
谐音 买妞趴呢儿 奏 波腰 组腮呦
中文 请给我看一下菜单。

>韩文 뭘 먹을까요?
>谐音 姆儿 猫哥儿嘎呦
>中文 吃什么好呢?

>韩文 난 입맛이 까다롭진 않아요.
>谐音 南 因妈西 嘎嗒漏金 阿那呦
>中文 我不挑食。

>韩文 난 다이어트 중이에요.
>谐音 南 嗒一袄特 宗一耶呦
>中文 我在减肥。

>韩文 식사주문을 하려고 하는데요.
>谐音 西仁组木呢儿 哈撩沟 哈嫩带呦
>中文 我要点菜。

>韩文 잠시후에 주문하겠습니다.
>谐音 擦姆西户耶 组木哪该丝姆你嗒
>中文 等一会儿点菜。

韩文 이 음식점에서 제일 잘하는 음식은 뭐예요?
谐音 一 俄姆西遭买骚 栽一儿 匝拉嫩 俄姆西根 摸耶呦
中文 你们店的拿手菜是什么?

韩文 오늘은 어떤 특별한 음식이 있습니까?
谐音 欧呢了恩 袄到恩 特标兰 俄姆西各一 一丝姆你噶
中文 今天有什么特色菜?

韩文 가장 맛있는 요리를 추천해 주세요.
谐音 卡脏 马西嫩 腰哩了儿 粗糙耐 组腮呦
中文 请推荐一下最好吃的菜。

韩文 전통 한국 요리를 먹고 싶습니다.
谐音 糙恩通 憨孤 腰哩了儿 卯沟 西丝姆你咔
中文 想吃韩国的传统菜。

韩文 채식 있습니까?
谐音 猜西 一丝姆你噶
中文 有没有素食?

韩文 이것을 주세요.
谐音 一高色儿 组腮呦
中文 请给我这个。

韩文 다른 것으로 바꿔 주세요.
谐音 他了恩 高丝漏 巴郭 组腮呦
中文 请换别的。

韩文 어떤 음료수를 원하십니까?
谐音 袄到恩 俄姆妞苏了儿 窝哪西姆你噶
中文 您要些什么饮料?

韩文 무슨 술이 있습니까?
谐音 姆森 苏哩 一丝姆你噶
中文 有什么酒?

韩文 맥주 좋아하십니까?
谐音 买租 邹阿哈西姆你噶
中文 您喜欢喝白酒吗?

韩文 한국술이 있어요?
谐音 憨孤苏哩 一扫呦
中文 有韩国酒吗?

韩文 맥주 주세요.
谐音 买租 组腮呦
中文 请拿啤酒来。

韩文 차를 좀 주십시오.
谐音 擦了儿 奏 组西逎休
中文 请上茶。

韩文 커피 한 잔 주세요.
谐音 考批 憨 簪 组腮呦
中文 来一杯咖啡。

韩文 물 한 병 주세요.
谐音 机 憨 变央 组腮呦
中文 请给我(瓶)矿泉水。

韩文 또 어떤 음식을 주문하시겠습니까?
谐音 斗 袄到恩 俄姆西各儿 组木哪西该丝姆你噶
中文 您还想要些什么菜?

韩文 이제 됐습니다.
谐音 一栽 杜埃 丝姆你嗒
中文 不要了。

韩文 덜 맵게 해 주세요.
谐音 掏儿 买该 嗨 组腮呦
中文 请少放辣椒。

韩文 저는 매운 음식을 못 먹습니다.
谐音 草嫩 买温 俄姆西各儿 哞 卯丝姆你嗒
中文 我不吃辣的。

韩文 너무 짜게 요리하지 마세요.
谐音 恼木 匝该 腰哩哈机 马腮呦
中文 别太咸了。

韩文 빨리 요리를 내 오십시오.
谐音 巴儿哩 腰哩了儿 耐 欧西逎休
中文 请快点儿上菜。

韩文 제가 주문한 음식이 아직 나오지 않았습니다.
谐音 采嘎 组木南 俄姆西各一 阿机 哪欧机 阿那丝姆你嗒
中文 我点的菜还没有来。

韩文 식사도 다 끝나 가는데 삼계탕은 왜 아직도 안 나오지요?
谐音 西仁兜 嗒 根那 嘎嫩带 仁姆该汤恩 歪 阿机斗 安 哪欧机呦
中文 我们都快吃完了,参鸡汤怎么还不上来呀?

韩文 이것은 제가 주문한 음식이 아닙니다.
谐音 一高森 栽噶 组木南 俄姆西各一 阿妮姆你嗒
中文 这不是我点的菜。

3. 吃饭

韩文 빵을 좀 더 주세요.

谐音 帮儿 奏 到 组腮呦

中文 请再拿些面包来。

韩文 이 음식을 다시 한번 데워 주세요.

谐音 一 俄姆西各儿 嗒西 憨奔 呆窝 组腮呦

中文 请把这盘菜再热一下。

韩文 이 음식은 신선하지 않습니다.

谐音 一 俄姆西各姆 新骚哪机 安丝姆你嗒

中文 这道菜不新鲜。

韩文 냅킨 좀 주세요.

谐音 耐科因 奏 组腮呦

中文 请给我餐巾纸。

韩文 김치 한 접시 더 올려 주세요.
谐音 科一姆期 憨 遭西 刀 欧儿撩 租腮呦
中文 请给我一碟泡菜。

韩文 테이블을 치워 주세요.
谐音 胎一逼了儿 气窝 组腮呦
中文 请收拾一下桌子。

韩文 식사준비 좀 도와 줄래요?
谐音 西仁尊逼 奏 兜挖 组儿来呦
中文 你能帮我准备餐具吗?

韩文 소금(간장, 식초, 마늘)을 좀 주세요.
谐音 艘根(肝脏, 西凑, 马呢儿)儿 奏 组腮呦
中文 能给拿点儿盐(酱油、醋、大蒜)吗?

韩文 음식이 변변치 못해서 대접이 소홀합니다.
谐音 俄姆西各一 便便期 哞胎骚 带遭逼 艘齁拉姆你咔
中文 没有什么好吃的,怠慢了。

韩文 이런 음식이 선생님 입맛에 맞을지 모르겠군요.

谐音 一捞恩 俄姆西各一 森三妮姆 一姆妈腮 马泽儿机 某了该孤拗

中文 不知道这些菜是否合您的口味。

韩文 맛이 매우 좋습니다.

谐音 马西 买乌 邹丝姆你嗒

中文 味道好极了。

韩文 너무 맛있어요.

谐音 恼木 马西扫呦

中文 好吃。

韩文 이것은 너무 맵습니다.

谐音 一高森 恼木 买丝姆你嗒

中文 这太辣了。

韩文 너무 짭니다./답니다./싱겁습니다.

谐音 恼木 匝姆你嗒/嗒姆你嗒/星高丝姆你嗒

中文 太咸了。/甜/淡

韩文 너무 십니다./씁니다.

谐音 恼木 西姆你嗒/丝姆你嗒

中文 太酸了。/苦

韩文 손님이 왔는데도 대접할 게 별로 없네요.

谐音 艘恩妮咪 完嫩带兜 呆遭趴儿 该 标儿漏 袄耐呦

中文 客人来了,也没什么特别可招待的东西。

韩文 천만예요. 음식이 매우 풍성합니다.

谐音 槌恩妈耐呦 俄姆西各一 买乌 鹏僧哈姆你嗒

中文 哪里,菜太丰盛了。

韩文 사양하지 마시고 많이 드십시오.

谐音 仨杨哈机 马西沟 马妮 的西逎休

中文 别客气,多吃一些。

韩文 편한대로 하십시오.
谐音 飘南带漏 哈西遛休
中文 请随意。

韩文 식기 전에 어서 드세요.
谐音 西各一 遭奈 袄骚 的腮呦
中文 快趁热吃。

韩文 식사를 맛있게 드셨지요?
谐音 西仁了儿 马西该 的笑机呦
中文 这顿饭吃得不错吧?

韩文 이미 좀 취해서, 더 이상 마실 수 없습니다.
谐音 一咪 奏 屈嗨骚 到 一桑 马西儿 苏 袄丝姆你嗒
中文 已经有点儿醉了，不能再多喝了。

韩文 정말 더 이상 먹을 수가 없습니다.
谐音 增妈儿 到 一桑 卯各儿 苏噶 袄丝姆你嗒
中文 谢谢，我实在吃不下了。

韩文 오늘 정말 잘 먹었습니다.
谐音 欧呢儿 增妈儿 匝儿 卯高丝姆你嗒
中文 今天吃得很好。

韩文 여러분의 건강을 위해서 건배합시다!
谐音 咬捞逋耐 高恩刚儿 鱼嗨骚 高恩掰哈逋西嗒
中文 为各位的健康,干杯!

韩文 먼저 실례하겠습니다.
谐音 门遭 西儿来哈该丝姆你嗒
中文 失陪一会儿。

韩文 식사 후에 디저트도 있습니까?
谐音 西仨 户耶 地遭特兜 一丝姆你噶
中文 有没有餐后甜点?

韩文 남은 음식을 가져가도 돼요?
谐音 哪闷 俄姆西各儿 嘎浇嘎兜 杜埃呦
中文 饭菜能打包拿回去吗?

4. 结账

韩文 지금 계산하려고 하는데요.
谐音 起各姆 该仁那撩沟 哈嫩带呦
中文 我想现在付账。

韩文 이 계산서는 팁이 포함되었습니까?
谐音 一 该三骚嫩 踢逼 剖哈杜埃凹丝姆你嗒
中文 这个账单已包括小费了吗?

韩文 제 생각에 이 계산서는 계산이 잘못된 것 같습니다.
谐音 采 三嘎该 一 该三扫嫩 该萨妮 匝儿哞端 高 嘎丝姆你嗒
中文 我想这账单算错了。

韩文 오늘은 제가 대접하니 제가 지불하겠습니다.
谐音 欧呢了恩采嘎 呆遭巴妮 栽嘎 机逋拉该丝姆你嗒
中文 今天我请客,我来付款。

韩文 과용하시게 해서 미안합니다.
谐音 瓜拥哈西该 嗨骚 咪阿哪姆你嗒
中文 让您破费了，不好意思。

韩文 결산합시다.
谐音 该三哪逋西嗒
中文 结账。

韩文 우리 각자 내지요.
谐音 乌哩 嘎匝 耐机呦
中文 我们各付各的钱。

韩文 여기 잔돈 있습니다.
谐音 腰各一 簪兜恩 一丝姆你嗒
中文 这是找给您的钱。

韩文 시간 나면 집에 오셔서 식사나 한번 하세요.
谐音 西肝 哪妙恩 机白 欧笑骚 西仁那 憨 奔 哈腮呦
中文 有时间来家吃便饭。

购物消费篇

1. 商场

> **韩文** 무엇을 도와 드릴까요?
> **谐音** 姆凹色儿 兜挖 的哩儿噶呦
> **中文** 您好！需要帮忙吗？

> **韩文** 뭐 사시겠습니까?
> **谐音** 摸 仁西该丝姆你噶
> **中文** 您想买些什么？

> **韩文** 그냥 구경만 하는 겁니다.
> **谐音** 可娘 孤哥央慢 哈嫩 高姆你嗒
> **中文** 我随便看看。

> **韩文** 티셔츠 있어요?
> **谐音** 踢削疵 一扫呦
> **中文** 有T恤衫吗？

韩文 원피스 있어요?
谐音 温批丝 一扫呦
中文 有连衣裙吗?

韩文 어린이옷 있어요?
谐音 袄哩妮欧 一扫呦
中文 有童装吗?

韩文 모자 좀 사려구요.
谐音 某匝 奏 仁撩孤呦
中文 我想买帽子。

韩文 좀 볼 수 있어요?
谐音 早 波儿 苏 一扫呦
中文 能让我看看吗?

韩文 무슨 색을 원합니까?
谐音 姆森 腮各儿 窝哪姆你噶
中文 想要什么颜色的?

韩文 흰색을 좋아합니다.
谐音 恢腮各儿 邹阿哈姆你嗒
中文 我喜欢白色的。

韩文 입어봐도 돼요?
谐音 一包巴兜 杜埃呦
中文 能穿一下试试吗?

韩文 탈의실 어디 있어요?
谐音 他哩西儿 袄地 一扫呦
中文 试衣间在哪儿?

韩文 거울 좀 봅시다.
谐音 考乌儿 奏 波逼西嗒
中文 照照镜子。

韩文 좀 작은 거 있어요?
谐音 奏 匝各恩 高 一扫呦
中文 没有稍微小一点儿的吗?

韩文 좀 큰 거 있어요?
谐音 奏 科恩 高 一扫呦
中文 有稍大点儿的吗?

韩文 저한테 안 맞아요.
谐音 草憨胎 安 马匝呦
中文 不适合我。

韩文 다른 거 있어요?
谐音 塔了恩 高 一扫呦
中文 有别的吗?

韩文 이건 어떻습니까?
谐音 一高恩 袄到丝姆你噶
中文 你觉得这件怎么样?

韩文 이 옷은 질이 좀 못해요.
谐音 一 欧森 机哩 奏 牟胎呦
中文 这衣服的质量不太好。

韩文 색깔과 모양이 맘에 들지 않습니다.
谐音 腮嘎儿瓜 某样一 马卖 的儿机 安丝姆你嗒
中文 我不喜欢这颜色和款式。

韩文 이 옷은 속이 바래거나 세탁하면 줄들까요?
谐音 一 欧森 搜各一 各一 巴来高那 腮他咯妙恩 租捞的 儿尬呦
中文 这衣服褪色缩水吗?

韩文 얼마예요?
谐音 袄儿妈也呦
中文 多少钱?

韩文 너무 비싸요.
谐音 恼木 逼萨呦
中文 太贵了。

韩文 좀 싸게 줄 수 없어요?
谐音 奏 萨该 组儿 苏 袄扫呦
中文 能便宜点吗?

韩文 이것 세일해요?
谐音 一高 腮一来呦
中文 这个打折吗?

韩文 세일 중이에요.
谐音 腮一儿 宗一耶呦
中文 打折期间。

韩文 300원 할인이에요.
谐音 三姆百奔 哈拎妮耶呦
中文 便宜300元。

韩文 이거 주세요.
谐音 一高 组腮呦
中文 就这个吧!

韩文 10000원이면 어때요?
谐音 妈诺妮妙恩 袄带呦
中文 10000元怎么样?

韩文 좀 더 싸게 주세요.
谐音 奏 到 仁该 组腮呦
中文 再给便宜点儿。

韩文 모두 얼마입니까?
谐音 某督 袄儿妈一姆你噶
中文 一共多少钱?

韩文 어디에서 돈을 지불합니까?
谐音 袄地耶骚 兜呢儿 机遥拉姆你噶
中文 在哪儿付钱?

韩文 신용카드로 결산할 수 있어요?
谐音 西妞拥喀的漏 哥腰儿仨哪儿 苏 一扫呦
中文 能用信用卡付款吗?

韩文 회부 카드를 받나요?
谐音 怀温 喀的了儿 班哪呦
中文 你们接受会员卡吗?

韩文 잘못 거슬러 주셨습니다.

谐音 擦儿哞 高丝儿捞 组削丝姆你嗒

中文 你找错钱了。

韩文 나는 이미 돈을 지불했습니다.

谐音 哪嫩 一咪 兜呢儿 机逋来丝姆你嗒

中文 我已经付过款了。

韩文 이것은 선물입니다. 잘 포장해 주세요.

谐音 一高森 森木哩姆你嗒 擦儿 剖脏嗨 组腮呦

中文 这是礼品,请给包装一下。

韩文 봉지 하나 더 주세요.

谐音 鹏机 哈那 到 组腮呦

中文 能再给一个购物袋吗?

韩文 이 상품은 외국에서도 사용이 가능한가요?

谐音 一 桑扑闷 歪孤该骚兜 仨拥一 嘎能憨嘎呦

中文 这个商品可以在外国用吗?

韩文 이 상품의 생산지 어디예요?
谐音 一 桑扑卖 腮昂 三机 袄地也呦
中文 这种商品是哪产的?

韩文 면세 돼요?
谐音 妙恩腮 杜埃呦
中文 可以免税吗?

韩文 배달비용은 얼마예요?
谐音 拍嗒儿逼拥恩 袄儿妈也呦
中文 送货的费用是多少?

韩文 고객센터 책임자가 누구입니까?
谐音 沟该三涛猜各一姆匝嘎 奴孤一姆你噶
中文 谁负责顾客投诉?

韩文 배상해 주셨으면 하는데요.
谐音 拍桑嗨 组削丝妙恩 哈嫩傣呦
中文 我要求赔偿。

韩文 환불할 수 있나요?

谐音 欢逋拉儿 苏 因哪哟

中文 能退货吗?

韩文 영수증이 없으면 환불하기 어려워요.

谐音 扬苏增一苏飘嘎 祆丝妙恩 欢逋拉各一 祆撩窝呦

中文 没有发票不能退货。

韩文 사용하신 상품은 환불이 안 됩니다.

谐音 仁拥哈新 桑扑闷 欢逋哩 安 杜埃姆你嗒

中文 用过的商品不能退货。

2. 市场

韩文 근처에 슈퍼마겟이 있어요?

谐音 根糙耶 休抛妈开西 一扫呦

中文 这附近有超市吗?

韩文 명동근처에 있어요.
谐音 名东根糙耶 一扫呦.
中文 在明洞附近。

韩文 뭐 사시겠어요?
谐音 摸 仁西该扫呦
中文 要买什么?

韩文 돼지고기 200 그램 주세요.
谐音 土爱机沟各一 一百 哥来姆 组腮呦
中文 麻烦称200克猪肉。

韩文 이 고기 갈아 주세요.
谐音 一 沟各一 嘎拉 组腮呦
中文 麻烦绞一下这块肉。

韩文 이 오렌지 얼마예요?
谐音 一 欧兰机 祆儿妈也呦
中文 这橙子多少钱啊?

韩文 파인애플도 있어요?
谐音 帕一耐扑儿斗 一扫呦
中文 菠萝也有吗?

韩文 네 개에 3,000 원이에요.
谐音 耐 该耶 仨姆 糙恩窝妮耶呦
中文 四个3,000元。

韩文 갈치가 신선하네요.
谐音 卡儿期嘎 新骚那耐呦
中文 带鱼很新鲜。

韩文 계란은 좀 비싸네요.
谐音 开拉嫩 奏 笔萨耐呦
中文 鸡蛋有点儿贵。

韩文 왜 이렇게 비싸요?
谐音 歪 一捞开 逼萨呦
中文 怎么这么贵?

韩文 이건 수입제품이어서 가격도 비싸요.
谐音 一高恩 苏一在扑咪凹臊 嘎哥腰斗 逼萨呦
中文 这是进口商品,所以很贵。

韩文 싸게 해 주실 수 있어요?
谐音 萨该 嗨 组西儿 苏 一扫呦
中文 能便宜点儿吗?

韩文 싼 것 없어요?
谐音 三 高 袄扫呦
中文 没有便宜的吗?

韩文 왜 사람들이 이렇게 많은가요?
谐音 歪 仁拉的哩 一捞开 马嫩嘎呦
中文 怎么这么多人?

韩文 지금 세일 기간이거든요.
谐音 起各姆 腮一儿 各一嘎妮高的捞
中文 现在在打折。

韩文 식초 한 병 주세요.

谐音 西凑 憨 标肮 组腮呦

中文 麻烦给一瓶食醋。

韩文 모두 5,200 원이에요.

谐音 某肚 欧糙恩一百 郭妮耶呦

中文 总共5,200元。

韩文 거스름돈 500 원입니다.

谐音 考丝了姆 斗恩 欧百 郭妮姆你嗒

中文 找给您500元。

3. 超市

韩文 샴푸가 어디 있습니까?

谐音 瞎扑嘎 凹低 一丝姆你噶

中文 洗发水在哪儿?

韩文 요구르트 사려고 해요.
谐音 呦姑勒特 仁撩沟 嗨呦
中文 我想买酸奶。

韩文 이건 할인 안 해요?
谐音 一跟 哈拎 阿 奈呦
中文 这个不打折吗?

韩文 비닐봉지 하나 더 주세요.
谐音 批妮儿烹机 哈那 到 组腮呦
中文 请多给我一个塑料袋。

韩文 조미료가 어디 있어요?
谐音 凑咪溜嘎 凹低 一扫呦
中文 调味品在哪儿?

韩文 계산이 잘못 된 것 같아요.
谐音 该仁妮 匝儿牟 端 高 嘎他呦
中文 账好像算错了。

韩文 이건 물러 주실래요?

谐音 一跟 姆儿捞 租西儿来呦

中文 能帮我把这个退了吗?

休闲娱乐篇

1. 咨询

韩文 입장료는 한 장에 얼마예요?

谐音 一脏拗嫩 憨 脏耶 袄儿妈也呦

中文 门票多少钱一张?

韩文 어른표(어린이표) 한 장 주세요.

谐音 袄了恩飘(袄哩妮飘) 憨 脏 组腮呦

中文 我买一张大人(儿童)门票。

韩文 안내지도 한 장 주세요.

谐音 按耐机兜 憨 脏 组腮呦

中文 请给我一张导游图。

韩文 중국어로 된 안내지도 있어요?
谐音 宗孤高漏 端 安耐机斗 一扫呦
中文 有汉语的导游图吗?

韩文 저는 현지 관광안내서를 원합니다.
谐音 草嫩 喝腰恩机 观光安耐骚了儿 窝那姆你嗒
中文 我想要一份本地的观光手册。

韩文 중국어 가이드 있어요?
谐音 宗孤高 嘎一的 一扫呦
中文 有汉语导游吗?

韩文 안내비는 얼마예요?
谐音 安耐逼嫩 袄儿妈也呦
中文 导游费是多少?

韩文 종합서비스 센터는 어디예요?
谐音 宗哈膄逼丝 三涛嫩 袄地也呦
中文 综合服务中心在哪儿?

> **韩文** 여행안내소는 어디에 있습니까?
> **谐音** 咬航安耐艘嫩 袄地耶 一丝姆你噶
> **中文** 旅游服务处在哪里?

> **韩文** 시내 관광버스가 있습니까?
> **谐音** 西耐 观光包丝嘎 一丝姆你噶
> **中文** 有没有市区观光巴士?

> **韩文** 아침 여행단이 있습니까?
> **谐音** 阿期姆 咬航嗒妮 一丝姆你噶
> **中文** 有早上的旅游团吗?

> **韩文** 여행비에 식사가 포함됩니까?
> **谐音** 咬航必耶 西仁嘎 剖哈姆 杜埃姆你噶
> **中文** 旅游费包括餐费吗?

> **韩文** 언제 출발하지요?
> **谐音** 袄恩在 粗儿 巴儿拉机呦
> **中文** 什么时候出发?

韩文 언제 돌아옵니까?
谐音 祎恩在 兜拉欧姆你噶
中文 什么时候回来?

韩文 이 관광지는 예약할 수 있어요?
谐音 一 观光机嫩 也呀喀儿 苏 一扫呦
中文 这个景点可以预约吗?

韩文 예약하는 방법을 알려 줄 수 있어요?
谐音 也呀喀嫩 帮包逋儿 阿儿撩 组儿 苏 一扫呦
中文 能告诉我预约的方法吗?

韩文 무슨 특별한 경치가 있습니까?
谐音 姆森 特标兰 哥央期嘎 一丝姆你噶
中文 有什么特别的风景?

韩文 유람할 만한 것이 있습니까?
谐音 优拉妈儿 妈南 高西 一丝姆你噶
中文 有什么地方值得参观游览?

韩文 저와 가족이 흩어졌어요. 안내방송을 사용할 수 있어요?

谐音 草挖 嘎邹各一 喝涛浇扫呦 安奈帮松儿 仁拥哈儿 苏 一扫呦

中文 我和家人走散了,能给广播一下吗?

韩文 상대방은 한국어를 모릅니다. 제가 방송해도 될까요?

谐音 桑待帮恩 憨孤高了儿 某了姆你嗒 采嘎 帮松嗨兜 杜埃儿噶呦

中文 对方不懂韩语,我能自己广播吗?

韩文 …로 가는 관광버스가 몇 시에 떠나요?

谐音 …漏 嘎嫩 观光包丝嘎 秒 西耶 到哪呦

中文 前往……的观光车几点开车?

韩文 여기는 몇 시에 문을 닫아요?

谐音 咬各一嫩 秒 西耶 木呢儿 嗒嗒呦

中文 这里几点关门?

2. 观光

韩文 서울에 가본 적이 있어요?
谐音 骚乌来 嘎奔 早各一 一扫呦
中文 你去过首尔吗?

韩文 처음이에요.
谐音 草俄咪耶呦
中文 这是第一次。

韩文 여기는 매일 관광객이 끊임없이 오지요?
谐音 咬各一嫩 买一儿 观光该哥一 各妮猫西 欧机呦
中文 这里每天都有川流不息的游人吧?

韩文 서울에 대한 인상이 어떻습니까?
谐音 骚乌来 呆憨 因桑一 袄到丝姆你噶
中文 你对首尔的印象如何?

韩文 이런 계획에 대하여 무슨 의견이 있습니까?
谐音 一捞恩 该恢该 呆哈腰 姆森 一哥腰妮 一丝姆你噶
中文 你对这样的安排有什么意见?

韩文 한국에는 명승고적이 대단히 많구나.
谐音 憨孤该嫩 名僧沟遭各一 呆嗒妮 满孤那
中文 韩国的名胜古迹真多啊!

韩文 사진 좀 찍어 주실 수 있어요?
谐音 仁金 奏 机高 组西儿 苏 一扫呦
中文 能帮我照张相吗?

韩文 같이 사진을 찍읍시다.
谐音 喀气 仁机呢儿 机哥部西嗒
中文 一起照张相吧?

韩文 저도 사진 한 장 찍어 드릴까요?
谐音 草兜 仁金 憨脏 机高 的哩儿噶呦
中文 我也帮您照一张吧?

韩文 한 장 더 찍어 주세요.
谐音 憨 脏 到 机高 组腮呦
中文 请再照一张。

韩文 시내구경을 하고 싶습니다. 소개해 주세요.
谐音 西耐孤哥央儿 哈沟 西丝姆你嗒 艘该嗨 组腮呦
中文 我想游览市内,请给我介绍一下。

韩文 저것은 무슨 건물입니까?
谐音 糙高森 姆森 跟姆哩姆你噶
中文 那是什么建筑?

韩文 언제 세워졌습니까?
谐音 恩栽 腮窝教丝姆你噶
中文 什么时候建造的?

韩文 한국의 유명한 관광지는 어디입니까?
谐音 憨孤该 有名憨 观光机嫩 袄地一姆你噶
中文 韩国著名的旅游地在哪里?

韩文 제 생각에는 제주도의 풍경은 정말 매혹적입니다.

谐音 采 三噶该嫩 栽租兜爱 鹏哥央恩 增妈儿 买鮔遭各 一姆你嗒

中文 我认为是济州岛,那儿的风光实在迷人。

韩文 내일 아침에 우리 시내에 가서 노는 것이 어떻습니까?

谐音 耐一儿 阿期卖 乌哩 西耐耶 嘎骚 耨嫩 高西 袄到丝姆你噶

中文 明天一早我们去城里逛逛怎么样?

韩文 시내에는 어떤 놀기 좋은 곳이 있습니까?

谐音 西耐耶嫩 袄到恩 耨儿 各一 邹恩 沟西 一丝姆你噶

中文 城里有什么好玩的?

韩文 서울 시내에는 관광지가 있습니까?

谐音 骚乌儿 西耐耶嫩 观光机嘎 一丝姆你噶

中文 在首尔市区有没有旅游点?

韩文 이 도시에는 어떤 박물관이 있습니까?
谐音 一 兜西耶嫩 袄到恩 帮木儿 瓜妮 一丝姆你噶
中文 本市有哪些博物馆?

韩文 관내를 안내할 가이드는 있습니까?
谐音 观奈了儿 安奈哈儿 嘎一的嫩 一丝姆你噶
中文 馆内有解说的导游吗?

韩文 야간관광은 있어요?
谐音 鸭甘观光恩 一扫呦
中文 有夜景观光吗?

韩文 서울 남쪽에는 한국민속촌이 있어요.
谐音 骚乌儿 南奏该嫩 憨公民艘粗妮 一扫呦
中文 在首尔南面有韩国民俗村。

韩文 탈춤도 있어요?
谐音 他儿 粗姆兜 一扫呦
中文 有假面舞吗?

韩文 단풍이 정말 아름답습니다.
谐音 毯碰一 增妈儿 阿了姆嗒丝姆你嗒
中文 红叶实在太美了,太迷人了!

韩文 폭포가 멋있어요.
谐音 剖剖嘎 猫西扫呦
中文 瀑布真壮观。

韩文 산과 물이 보기 좋게 조화를 이루네요.
谐音 三瓜 牟哩 波哥一 奏该 奏花了儿 一噜奈呦
中文 山水相互辉映。

韩文 숲속의 공기는 정말 좋아요.
谐音 苏搜该 公哥一嫩 增妈儿 奏阿呦
中文 树林中的空气很新鲜。

韩文 물이 너무 맑아서 모래알까지 보이네요.
谐音 姆哩 恼牟 妈嘎骚 某来阿儿嘎机 波一奈呦
中文 水好清澈,连沙粒都能看见。

3. 比赛

韩文 …시합장소가 어디예요?
谐音 …西哈脏搜嘎 袄地也呦
中文 ……的比赛地点在哪里?

韩文 이 시합장소까지 어떻게 가면 좋을까요?
谐音 一 西哈脏搜尬机 袄到开 嘎妙恩 奏儿噶呦
中文 怎么去这个比赛场?

韩文 집합장소까지 노선을 써 주실래요?
谐音 机巴脏搜尬机 耨臊呢儿 臊 组西儿来呦
中文 请给我写一下去会场的换车路线。

韩文 관중석 상황은 이떤라요?
谐音 观宗骚 桑荒恩 袄到恩尬呦
中文 观众席是什么情况?

韩文 시합과 관련된 자료를 한 장 주세요.
谐音 西哈瓜 观儿撩端 匝溜了儿 憨 脏 组腮呦
中文 请给我一份有关比赛的资料。

韩文 중국어로 된 안내자료 있나요?
谐音 宗孤高漏 端 安奈西溜 因那呦
中文 有汉语的简介资料吗?

韩文 중국어 통역원이 있어요?
谐音 宗孤高 通腰郭妮 一扫呦
中文 有汉语翻译吗?

韩文 통역비는 얼마예요?
谐音 通腰必嫩 袄儿妈也呦
中文 翻译的费用是多少?

韩文 이 자리는 어디에 있어요?
谐音 一 匝哩嫩 袄地耶 一扫呦
中文 这个座席在哪里?

韩文 외국인 전용석이 어디 있어요?
谐音 歪孤哥因 遭妞拥骚各一 祆地 一扫呦
中文 外国人专用座席在哪里?

韩文 지금은 어느팀과 어느팀의 시합이에요?
谐音 起哥闷 祆呢踢瓜 祆呢踢卖 西哈逼耶呦
中文 现在是哪个队和哪个队在比赛?

韩文 센수들의 성적은 어떤가요?
谐音 孙苏的来 僧遭根 祆利恩尬呦
中文 运动员的成绩如何?

韩文 빨간색 운동복을 입은 선수의 이름은 뭐예요?
谐音 巴儿肝腮 温东逋各儿 一奔 孙苏爱 一了闷 摸也呦
中文 穿红运动服的选手姓名是什么?

韩文 이 종목 경기장소는 어디예요?

谐音 一 宗哞 哥扬 哥一脏艘嫩 袄地也呦

中文 这个项目的比赛场地在哪儿?

韩文 직통버스(버스)역이 어디예요?

谐音 机通包丝(包丝)腰各一 袄地也呦

中文 直达大巴（公共汽车）的车站在哪儿?

4. 电影

韩文 오늘 저녁에 시간있습니까?

谐音 欧呢儿 早尿该 西嘎妮丝姆你噶

中文 今天晚上有空吗?

韩文 무슨 좋은 계획이 있습니까?

谐音 姆森 邹恩 该恢各一 一丝姆你噶

中文 有什么好的计划呢?

韩文 우리 영화 보러 가는 것이 어떻습니까?
谐音 乌哩 杨花 波捞 嘎嫩 高西 袄到丝姆你噶
中文 我们去看电影怎么样?

韩文 무슨 영화를 좋아하십니까?
谐音 姆森 杨花了儿 邹阿哈西姆你噶
中文 你喜欢什么电影?

韩文 액션(코미디)영화를 좋아합니다.
谐音 爱削恩(扣咪低)杨花了儿 邹阿哈姆你嗒
中文 我喜欢看动作片(喜剧)。

韩文 요즘 가장 인기있는 영화는 무엇입니까?
谐音 优滋姆 嘎脏 因各一因嫩 杨花嫩 姆袄西姆你噶
中文 目前最卖座的电影是什么?

韩文 영화표 두 장 주세요.
谐音 英花飘 督 脏 租腮呦
中文 给我两张电影票。

韩文 간단한 간식거리를 사는 것이 어때요?
谐音 刊嗒南 甘西高哩了儿 仨嫩 高西 袄待呦
中文 买点儿零食怎么样？

韩文 빨리 들어가자요.
谐音 爸儿哩 的捞嘎匝呦
中文 快进去吧。

韩文 제 좌석이 어디지요?
谐音 猜 租阿骚哥一 袄低机呦
中文 我的座位在哪儿？

韩文 난 영화 봤어요.
谐音 南 杨花 巴扫呦
中文 我看电影了。

韩文 무슨 영화 봤는데?
谐音 姆森 杨花 班嫩带
中文 看什么电影了？

> 韩文 제목이 뭐예요?
> 谐音 猜哗各一 摸也呦
> 中文 片名是什么?

> 韩文 너도 알고 있었네. 너도 봤어요?
> 谐音 恼兜 阿儿沟 一森耐 恼斗 巴扫呦
> 中文 你也知道啊,你也看了吗?

> 韩文 그 영화 정말 괜찮네요.
> 谐音 科 杨花 增妈儿 观参耐呦
> 中文 那部电影很不错。

> 韩文 나도 그 영화 봤어.
> 谐音 哪兜 哥 杨花 巴扫
> 中文 我也看了那部电影。

> 韩文 난 그 영화 별로 던데.
> 谐音 南 哥 杨花 标儿漏 到恩带
> 中文 我不太喜欢那部电影。

韩文 난 재미 있었는데.
谐音 南 栽咪 一扫嫩带
中文 我觉得很有意思啊。

韩文 아직 못 봤는데, 재미있던?
谐音 阿机 哞 班嫩带 采咪一到恩
中文 我还没看过，有意思吗？

韩文 언제 시간 나면 꼭 한번 보도록 해요.
谐音 袄恩在 西肝 哪妙恩 购 憨奔 波兜漏 嗨呦
中文 有机会你一定要看。

韩文 이 영화 진짜 볼 만해요.
谐音 一 杨花 金匝 波儿 马耐呦
中文 这部电影值得一看。

韩文 다신 이런 영화를 안 볼 거예요.
谐音 他西 一捞恩 英花了儿 安 波儿 高耶呦
中文 再不看这种电影了。

5. 唱歌

韩文 노래방에 가서 노래 부릅시다.
谐音 耨来帮耶 嘎噪 耨来 逋了姆西嗒
中文 去练歌房唱歌吧。

韩文 여기 한 시간에 얼마예요?
谐音 咬各一 憨 西嘎耐 袄儿妈也呦
中文 这儿一个小时多少钱?

韩文 우리 더 오래 기다려야 하나요?
谐音 乌哩 到 欧来 各一嗒撩呀 哈那呦
中文 我们还要等很长时间吗?

韩文 여기 몇 시간동안 놀 수 있어요?
谐音 咬哥一 秒 西肝东安 耨儿 苏 一扫呦
中文 这儿可以玩几个小时?

韩文 큰 방 있어요?

谐音 科恩 帮 一扫呦

中文 有大点儿的房间吗?

韩文 시간 연장 해 주실 수 있으세요?

谐音 西肝 延脏 嗨 组西儿 苏 一丝腮呦

中文 能不能给我们延长点儿时间?

韩文 우대 받을 수 있어요?

谐音 乌待 巴的儿 苏 一扫呦

中文 有优惠吗?

韩文 우린 이미 예약했어요.

谐音 乌哩 一咪 也呀开扫呦

中文 我们已经预订了。

韩文 다른 방으로 바꿀 수 있나요?

谐音 塔了恩 帮俄漏 巴孤儿 苏 因哪呦

中文 能不能给我们换个房间?

韩文 단골이니까 시간 좀 더 넣어 주세요.
谐音 但沟哩妮尬 西肝 奏 到 恼凹 组腮呦
中文 我们是常客,再给加点时间吧!

韩文 누구 먼저 노래 부를래요?
谐音 奴孤 猫恩遭 耨来 逋了儿来呦
中文 谁先唱啊?

韩文 한 사람당 한 곡씩.
谐音 憨 仁拉姆当 憨 购细
中文 每人来一首吧。

韩文 노래 한 곡 해 봐요.
谐音 耨来 憨 购 嗨 巴呦
中文 你来一首吧。

韩文 선곡책 어디 있어요?
谐音 骚恩购猜 袄地 一扫呦
中文 歌本在哪儿呢?

韩文 리모콘 어디 있어요?
谐音 哩哞抠恩 祆地 一扫呦
中文 遥控器在哪儿?

韩文 무슨 노래 부를래요?
谐音 姆森 耨来 逋了儿来呦
中文 你要唱什么歌?

韩文 난 무슨 노래 부를지 찾아봐야 해요.
谐音 南 姆森 耨来 不了儿机 擦匹巴呀 嗨呦
中文 我找找要唱什么歌。

韩文 난 《인연》을 부를 거예요.
谐音 南 一尿恩 了儿 逋了儿 高也呦
中文 我想唱《姻缘》。

韩文 어떤 음악을 좋아하시죠?
谐音 祆到恩 俄妈各儿 邹阿哈西就
中文 你喜欢什么样的音乐?

韩文 저는 유행음악을 좋아해요.
谐音 草嫩 有航俄妈各儿 邹阿嗨呦
中文 我喜欢流行音乐。

韩文 이렇게 잘 부를 줄이야, 너 노래 잘 부르네요.
谐音 一捞开 擦儿 逋了儿 组哩呀 恼 耨来 擦儿 逋了耐呦
中文 唱得这么好啊，你唱歌很好听。

韩文 아주 잘 부르시는데요.
谐音 阿租 擦儿 逋了西嫩带呦
中文 唱得真好。

韩文 가수인 줄 알았어.
谐音 卡苏因 组儿 阿拉扫
中文 我还以为是歌手呢！

韩文 너 노래방 올 줄 알고 미리 연습했지?

谐音 恼 耨来帮 欧儿 组儿 阿儿购 咪哩 延丝拍机

中文 你是不是知道来练歌房,提前练习了?

韩文 노래도 못 하는데, 너무 띄워 주지 마.

谐音 耨来兜 哗 哈嫩带 恼木 地窝 组机 马

中文 唱得不好,别再"捧"我了。

韩文 나 음치인데 왜 자꾸 노래 시키니?

谐音 哪 俄姆期因带 歪 匝故 耨来 西科一妮

中文 我五音不全,怎么总让我唱啊?

韩文 내가 노래를 부르면 경찰이 잡으러 와.

谐音 耐嘎 耨来了儿 逋了妙恩 哥央擦哩 匝逋捞 挖

中文 我要是一唱歌,能把警察招来。

韩文 부르지 않아서 몰랐는데 잘 부르시네.

谐音 普了机 阿那骚 某儿兰嫩带 匝儿 逋了西耐

中文 不唱不知道,唱得相当好啊!

韩文 우리 시간 다 되어 가니까 마지막으로 신나는 노래 부릅시다.

谐音 乌哩 西肝 嗒 杜埃凹 嘎妮尬 马机马哥漏 新那嫩 耨来 逋了逋西嗒

中文 时间快到了,唱最后一首吧!

韩文 오늘 정말 즐겁게 놀았어요.

谐音 欧呢儿 增妈儿 滋儿高该 耨拉扫呦

中文 今天玩得很开心。

韩文 오랫동안 이렇게 못 놀아 봤는데.

谐音 欧来东安 一捞开 哞 耨拉 班嫩带

中文 好久没这么疯狂了。

韩文 기회 있으면 다시 같이 놀아요.

谐音 各一恢 一丝妙恩 嗒西 嘎气 耨拉呦

中文 有机会再一起玩吧。

> **韩文** 피곤하지? 편히 쉬어.
>
> **谐音** 批沟哪机 飘妮 需凹
>
> **中文** 玩累了吧？好好休息吧！

> **韩文** 오늘은 여기까지.
>
> **谐音** 欧呢了恩 咬各一尬机
>
> **中文** 今天就到这儿吧！

日常生活篇

1. 在银行

存取

> **韩文** 예금을 하려고 왔는데요.
>
> **谐音** 也哥木儿 哈撩沟 完嫩带呦
>
> **中文** 我想存钱。

韩文 저는 계좌를 개설하려고 하는데요.
谐音 草嫩 该租阿 了儿 该骚拉撩沟 哈嫩带呦
中文 我想开户。

韩文 보통 예금을 하시겠어요?
谐音 剖通 也哥木儿 哈西该扫呦
中文 你想存活期的吗?

韩文 정기예금을 하고 싶어요.
谐音 增哥一耶哥木儿 哈沟 西抛呦
中文 我想存定期。

韩文 정기예금이 보통예금보다 이자가 많아요.
谐音 增哥一耶哥咪 波通也哥姆波嗒 一匝嘎 马那呦
中文 定期存款比活期存款利息多。

韩文 이 신청서에 성함과 주소를 기입하세요.
谐音 一 新仓骚耶 僧哈姆瓜 组艘了儿 各一一趴腮呦
中文 请在这儿填一下姓名和地址。

韩文 비밀번호와 날짜도 쓰셔야 해요.
谐音 批咪儿包恼挖 哪儿匝兜 丝削呀 嗨呦
中文 请写一下密码和日期。

韩文 신청서를 다 썼어요.
谐音 新仓骚了儿 嗒 臊扫呦
中文 填完了。

韩文 잠깐만 기다리세요.
谐音 擦姆尬慢 各一嗒哩腮呦
中文 稍等一下。

韩文 통장 여기 있습니다.
谐音 通脏 咬各一 一丝姆你嗒
中文 给您存折。

韩文 돈을 찾으려는데요.
谐音 偷呢儿 擦滋撩嫩带呦
中文 我想取钱。

韩文 우선 예금인출서를 작성해 주세요.
谐音 乌森 耶哥民粗儿骚了儿 匝僧嗨 组腮呦
中文 稍等，先把取款单填一下。

韩文 모두 현금으로 드릴까요?
谐音 某督 喝腰恩哥姆漏 的哩儿噶呦
中文 您全部要现金吗？

韩文 10만원은 현금으로 주세요.
谐音 星妈诺嫩 喝腰恩哥姆漏 组腮呦
中文 请给我10万元现金。

韩文 10만원은 수표로 주세요.
谐音 星妈诺嫩 苏飘漏 组腮呦
中文 请给10万元支票。

韩文 수표는 수수료가 있습니다.
谐音 苏飘嫩 苏苏溜嘎 一丝姆你嗒
中文 支票是要付手续费的。

> 韩文 어디에 싸인해요?
> 谐音 袄地耶 仨一耐呦
> 中文 在哪里签字?

> 韩文 이 수표를 제 계좌에 입금시켜 주세요.
> 谐音 一 苏飘了儿 栽 该租阿耶 一各姆西科腰 组腮呦
> 中文 把这张支票存到我的账户吧。

> 韩文 제 계좌의 모든 돈을 인출하려고 합니다.
> 谐音 采 该租阿爱 某的恩 兜呢儿 因粗拉撩沟 哈姆你嗒
> 中文 我要把我账户的全部存款取出来。

> 韩文 내 잔고는 어느 정도입니까?
> 谐音 耐 簪沟嫩 袄呢 增兜一姆你噶
> 中文 我的银行余款是多少?

> 韩文 천불짜리 여행자수표를 원합니다.
> 谐音 糙恩 迪儿匝哩 腰航匝苏飘了儿 我那姆你嗒
> 中文 我需要1000美金的旅行支票。

挂失

韩文 제 통장을 잃어버렸어요.
谐音 采 通脏儿 一捞包撩扫呦
中文 我的存折丢了。

韩文 어디에서 분실신고수속을 합니까?
谐音 袄地耶骚 奔西儿新沟苏艘各儿 哈姆你噶
中文 在哪里办理挂失?

韩文 무슨 수속이 필요해요?
谐音 姆森 苏艘各一 批溜嗨呦
中文 需要什么手续?

韩文 무슨 증명서가 필요해요?
谐音 姆森 增名骚嘎 批溜嗨呦
中文 需要什么证明?

韩文 수속비는 얼마예요?
谐音 苏艘逼嫩 袄儿妈也呦
中文 需要多少手续费?

韩文 곧 끝낼 수 있을까요?
谐音 购 根耐儿 苏 一色儿噶呦
中文 能马上办好吗?

韩文 분실표를 써 주세요.
谐音 本西儿飘了儿 朦 组腮呦
中文 请填写挂失单。

韩文 계좌번호를 알려 주세요.
谐音 该租阿包耨了儿 阿儿撩 组腮呦
中文 请提供您的存折账号。

韩文 외국인등록증명서를 제시하세요.
谐音 歪孤各因灯漏增名了儿 栽西哈腮呦
中文 请出示您的外国人登记证。

>韩文< 전화번호를 알려 주세요.
>谐音< 草奴阿包耨了儿 阿儿撩 组腮呦
>中文< 请告诉我您的电话号码。

兑换

>韩文< 어떻게 오셨습니까?
>谐音< 袄到开 欧削丝姆你嘎
>中文< 您有什么事?

>韩文< 환전하려고 왔는데요.
>谐音< 欢遭哪撩沟 完嫩带呦
>中文< 我来换钱。

>韩文< 얼마나 바꾸어 드릴까요?
>谐音< 袄儿妈那 巴孤凹 的哩儿嘎呦
>中文< 您要换多少?

韩文 1000달러를 한국돈으로 바꾸려고 하는데요.

谐音 糙恩 嗒儿捞了儿 憨孤兜呢漏 巴孤撩沟 哈嫩带呦

中文 想换1000美金。

韩文 오늘 환율이 어떻게 됩니까?

谐音 欧呢儿 欢妞哩 袄到开 杜埃姆你噶

中文 今天比价是多少?

韩文 일달러에 천백오십원입니다.

谐音 一儿 嗒儿捞耶 糙恩百沟西波妮姆你嗒

中文 一美元兑换1150韩元。

韩文 신용카드도 괜찮습니까?

谐音 心妞拥喀的兜 观参丝姆你噶

中文 信用卡也行吗?

韩文 물론이죠.
谐音 木儿漏你就
中文 当然可以。

韩文 환전소는 어디 있어요?
谐音 欢遭恩艘嫩 袄地 一扫呦
中文 交换所在哪?

韩文 호텔이나 은행에 다 있어요?
谐音 齁胎哩那 俄耐肮耶井嗒 一扫呦
中文 酒店或银行都有吗?

韩文 여기서 돈을 바꿀 수 있어요?
谐音 咬哥一骚 兜呢儿 巴孤儿 苏 一扫呦
中文 这里可以换钱吗?

韩文 이 서류에 써 넣으세요.
谐音 一 骚溜耶 臊 恼俄腮呦
中文 请填写这张单子。

韩文 환율은 얼마입니까?
谐音 花妞了恩 袄儿妈一姆你噶
中文 汇率是多少?

韩文 환율이 올라갈 기미가 있어요?
谐音 花妞哩 欧儿拉嘎儿 哥一咪嘎 一扫呦
中文 汇率有可能上涨吗?

韩文 어느쪽이 수수료가 더 비싸요?
谐音 袄呢奏各一 苏苏溜嘎 到 比萨呦
中文 哪儿的手续费更贵?

韩文 공항이나 호텔쪽이 은행보다 비싸요.
谐音 空航一那 駒胎儿奏哥一 俄耐肮波嗒 逼萨呦
中文 机场和酒店都比银行贵。

韩文 이 여행자 수표를 현금으로 바꿔 주세요.
谐音 一 要航匝 苏飘了儿 喝腰恩哥姆漏 巴郭 组腮呦
中文 请把这张旅行支票换成现金。

韩文 잔고 확인을 하고 싶은데요.
谐音 参购 花各一 呢儿 哈沟 西喷带呦
中文 我想查余额。

韩文 돈을 바꿀 때 여권이 필요합니까?
谐音 偷呢儿 巴孤儿 带 要郭妮 批溜哈姆你噶
中文 换钱的时候需要护照吗?

韩文 잔돈으로 바꿔 주세요.
谐音 替兜呢漏 巴郭 组腮呦
中文 请帮我换点儿零钱。

韩文 죄송하지만 잔돈이 없어요.
谐音 促癌松哈机慢 簪兜妮 袄扫呦
中文 对不起,没有零钱。

韩文 여권과 돈을 받아 주세요.
谐音 咬滚瓜 兜呢儿 巴嗒 组腮呦
中文 这是您的护照和钱。

2. 在邮局

韩文 이 편지를 중국에 부치려고 합니다.
谐音 一 飘恩机了儿 宗孤该 逋期撩沟 哈姆你嗒
中文 我要把这封信寄到中国。

韩文 편지봉투가 있어요?
谐音 飘恩机鹏突嘎 一扫呦
中文 有信封吗?

韩文 얼마짜리의 우표를 붙여야 합니까?
谐音 袄儿妈匝哩爱 乌飘了儿 逋翘呀 哈姆你噶
中文 要贴多少钱的邮票?

韩文 50원짜리 우표 두 장 주세요.
谐音 欧西奔匝哩 乌飘 督 脏 组腮呦
中文 我买两张50元的邮票。

韩文 기념우표를 주세요.
谐音 科一 尿姆乌飘了儿 组腮呦
中文 我买纪念邮票。

韩文 저는 친구에게 소포를 부치려고 해요.
谐音 草嫩 亲孤耶该 艘剖了儿 逋期撩沟 嗨呦
中文 我想给朋友寄包裹。

韩文 이것을 중국에 부치려고 해요.
谐音 一高色儿 宗孤该 逋期撩沟 嗨呦
中文 我想把这个寄到中国。

韩文 보통우편으로 보낼까요?
谐音 波通乌飘呢漏 波耐儿噶呦
中文 平邮吗？

韩文 항공편으로 보내 주세요.
谐音 航空飘呢漏 波耐 组腮呦
中文 寄航空。

韩文 배편으로 얼마나 걸립니까?
谐音 拍飘呢漏 袄儿妈那 高儿 哩姆你噶
中文 如果海运需要多少时间？

韩文 그안에 뭐가 들어 있어요?
谐音 科阿耐 摸嘎 的捞 一扫呦
中文 里面装的是什么？

韩文 옷이에요.(바지)
谐音 欧西耶呦(巴机)
中文 是衣服（裤子）。

韩文 포장을 다시 해야 해요.
谐音 剖脏儿 嗒西 嗨呀 嗨呦
中文 需要重新包装。

韩文 어떻게 포장하면 돼요?
谐音 袄到开 剖脏哈妙恩 杜埃呦
中文 怎么包装才可以？

韩文 포장용 상자를 사세요. 10,000원입니다.
谐音 剖脏拥 桑匝了儿 仁腮呦 马诺妮姆你嗒
中文 请买包装用的纸盒箱,是10,000元。

韩文 소포 값은 무게에 따라 계산합니다.
谐音 艘剖 嘎森 木该耶 嗒拉 该仁那姆你嗒
中文 邮费按重量计算。

韩文 소포명세서에 써 주세요.
谐音 艘剖名腮骚耶 臊 组腮呦
中文 请填一下包裹单。

韩文 부치는 비용은 10,000원입니다.
谐音 普期嫩 逼拥恩 马诺妮姆你嗒
中文 邮费是10,000元。

韩文 팩스를 보내려고 해요.
谐音 拍丝了儿 波奈撩沟 嗨呦
中文 我想发传真。

韩文 수신자 전화번호를 정확하게 적어 주세요.

谐音 苏新匝 遭奴阿包耨了儿 增花喀该 遭高 组腮呦

中文 请准确地写出收信人的电话号码。

韩文 팩스가 들어가지 않는데요?

谐音 拍丝嘎 的捞嘎机 安嫩带呦

中文 怎么发不出去呀?

韩文 다시 한번 해 보세요.

谐音 塔西 憨奔 嗨 波腮呦

中文 您再发一次。

韩文 팩스를 켜 놓지 않은 것 같아요.

谐音 拍丝了儿 科腰 耨机 阿嫩 高 嘎他呦

中文 传真机好像没有打开。

韩文 조금 있다가 다시 해 봅시다.
谐音 凑哥姆 一嗒嘎 嗒西 嗨 波遝西嗒
中文 过会儿重发吧。

韩文 한글자에 얼마예요?
谐音 憨哥儿匹耶 袄儿妈也呦
中文 每字多少钱?

3. 在洗衣店

韩文 이 옷 좀 세탁해 주세요.
谐音 一 欧 奏 腮他开 组腮呦
中文 请给我洗一下件衣服。

韩文 세탁할 옷이 모두 두 벌입니다.
谐音 腮他喀儿 欧西 哞督 督 包哩姆你嗒
中文 一共有两件衣服要洗。

韩文 드라이 크리닝으로 해 주세요.
谐音 特拉一 科哩宁俄漏 嗨 组腮呦
中文 请给我干洗。

韩文 잘 다려 주세요.
谐音 擦儿 嗒撩 组腮呦
中文 请给我好好熨一熨。

韩文 이 바지의 지퍼를 갈아 주세요.
谐音 一 巴机爱 机抛了儿 嘎拉 组腮呦
中文 请把裤子拉链换一下。

韩文 언제쯤 찾을 수 있을까요?
谐音 袄恩在滋姆 擦则儿 苏 一色儿噶呦
中文 什么时候可以取衣服?

韩文 내일이면 다 됩니다.
谐音 耐一哩妙恩 嗒 杜埃姆你嗒
中文 明天就可以取。

韩文 그럼 잘 부탁드리겠어요.
谐音 科捞姆 匝儿 捕他的哩该扫呦
中文 那就拜托你了。

韩文 찾으러 왔는데요.
谐音 擦滋捞 完嫩带呦
中文 我来取衣服。

韩文 언제 뭘 맡기셨죠?
谐音 袄恩栽 摸儿 马科一削就
中文 什么时候送的?

韩文 그저께 옷을 맡겼는데요.
谐音 科遭盖 欧色儿 马科腰嫩带呦
中文 前天送的衣服。

韩文 보관 영수증을 가져 왔어요?
谐音 剖观 杨苏增儿 嘎浇 挖扫呦
中文 有没有取衣单?

4. 在理发店

韩文 이발하려면 얼마나 기다려야 합니까?
谐音 一巴拉撩妙恩 祆儿妈那 各一嗒撩呀 哈姆你噶
中文 理发要等多长时间?

韩文 저 헤어스타일책 좀 볼 수 있을까요?
谐音 草 嗨凹丝它一儿猜 奏 波儿苏 一色儿噶呦
中文 我可以看看发型设计书吗?

韩文 저기에 앉아서 기다리세요.
谐音 草各一耶 安匹骚 各一嗒哩腮呦
中文 请坐这边等一会儿。

韩文 먼저 머리를 감으세요.
谐音 猫恩遭 猫哩了儿 嘎姆腮呦
中文 先洗洗头吧。

>韩文 면도하시겠습니까?
>谐音 妙恩斗哈西该丝姆你噶
>中文 要刮脸吗?

>韩文 어떤 모양으로 깎겠습니까?
>谐音 袄到恩 某央俄漏 尬该丝姆你噶
>中文 你想剪什么样的?

>韩文 어울리게 알아서 해 주세요.
>谐音 袄乌儿哩该 阿拉骚 嗨 组腮呦
>中文 师傅,你看着给我弄吧。

>韩文 월래 보양대로 해 주세요.
>谐音 喔儿来 某央待漏 嗨 组腮呦
>中文 照原来的样子弄吧。

>韩文 깔끔하게 다듬어 주세요.
>谐音 尬儿哥妈该 喀的猫 组腮呦
>中文 把头发剪得利索些。

韩文 짧게 잘라 주세요.
谐音 匝儿该　匝儿拉　组腮呦
中文 给我剪短点。

韩文 스트레이트파마 해 주세요.
谐音 丝特来一特趴妈　嗨　组腮呦
中文 我要烫直板。

韩文 스포츠로 깍아 주세요.
谐音 丝剖疵漏　尬嘎　组腮呦
中文 给我剪个运动头型。

韩文 삭발해 주세요.
谐音 仨巴来　组腮呦
中文 给我弄个刀削发。

韩文 단정하게 잘라 주세요.
谐音 但增哈该　匝儿拉　组腮呦
中文 剪得端庄点。

> 韩文 파마를 하겠습니다.
> 谐音 趴妈了儿 哈该丝姆你嗒
> 中文 我想烫发。

> 韩文 웨이브파마 해 주세요.
> 谐音 歪一逋趴妈 嗨 组腮呦
> 中文 烫个大波浪。

> 韩文 디지털파마 해 주세요.
> 谐音 体机涛儿趴妈 嗨 组腮呦
> 中文 给我做数码烫吧。

> 韩文 부분파마 해 주세요.
> 谐音 普奔趴妈 嗨 组腮呦
> 中文 就给我烫一部分头发。

> 韩文 학생파마 해 주세요.
> 谐音 哈三趴妈 嗨 组腮呦
> 中文 给我烫个学生发型吧。

韩文 염색해 주세요.
谐音 腰姆腮开 组腮呦
中文 我要染发。

韩文 노란색으로 염색해 주세요.
谐音 耨兰腮哥漏 腰姆腮开 组腮呦
中文 把头发染成黄色的。

韩文 이 정도로 하면 어떻습니까?
谐音 一 增兜漏 哈妙恩 袄到丝姆你噶
中文 这样怎么样?

韩文 네, 마음에 들어요.
谐音 耐 马俄卖 的捞呦
中文 好,很满意。

韩文 아니오, 마음에 안 들어요.
谐音 阿你欧 马俄卖 安 的捞呦
中文 我不满意。

5. 在医院

韩文 저를 데리고 병원에 가 주시겠어요?
谐音 草了儿 呆哩购 标肮我耐 嘎 租因该扫呦
中文 我要去医院，能带我去吗？

韩文 접수처가 어디에 있어요?
谐音 遭苏糙嘎 袄地耶 一扫呦
中文 挂号处在哪里？

韩文 병원에서 중국어를 아는 분이 있어요?
谐音 飘肮窝耐噪 宗孤高了儿 阿嫩 逋妮 一扫呦
中文 你们医院里有懂汉语的吗？

韩文 제가 내과(외과，산부인과，응급실)를 접수하려고 하는데요.
谐音 采嘎 耐瓜（歪瓜 三逋因瓜 恩哥西儿）了儿 遭苏哈撩沟 哈嫩带呦
中文 我挂内科（外科、妇科、急诊）。

韩文 내과(외과, 산부인과, 응급실)가 어디예요?

谐音 耐瓜（外瓜 三逋因瓜 恩哥西儿）嘎 袄地也呦

中文 内科（外科、妇科、急诊）在哪儿？

韩文 어디가 아파요?

谐音 袄地嘎 阿趴呦

中文 哪里不舒服？

韩文 여기가 아파요.

谐音 咬各一嘎 阿趴呦

中文 这里很疼。

韩文 온 몸이 불편해요.

谐音 欧恩 某咪 逋儿飘耐呦

中文 我感到不舒服。

韩文 몸살이 있습니다.
谐音 哞仁哩 一丝姆你嗒
中文 四肢酸痛。

韩文 코가 막혔어요.
谐音 抠嘎 马科腰扫呦
中文 鼻塞。

韩文 열이 납니다.
谐音 哟哩 那姆你嗒
中文 我发烧。

韩文 기침이 나고 콧물이 흐릅니다.
谐音 科一期咪 哪购 空木哩 喝了姆你嗒
中文 又咳嗽，还流鼻涕。

韩文 머리가 아파요.
谐音 猫哩嘎 阿趴呦
中文 我头疼。

韩文 저는 손에 상처를 입었어요.
谐音 草嫩 艘耐 桑糙了儿 一包扫呦
中文 我手受伤了。

韩文 그는 자동차 사고로 팔이 부러졌대요.
谐音 科嫩 匝东擦 仁购漏 趴哩 逋捞浇带呦
中文 他被车撞了胳膊。

韩文 그가 발목을 삐었대요.
谐音 科嘎 巴儿哞各儿 必凹傣呦
中文 他把脚扭伤了。

韩文 그는 감기에 걸렸어요.
谐音 科嫩 嘎姆 各一耶 高儿撩扫呦
中文 他得了感冒。

韩文 제가 한번 볼께요.
谐音 采嘎 憨奔 波儿盖呦
中文 让我看看。

韩文 이 쪽에서 검사 합시다.
谐音 一 奏该骚 高姆仁 哈逼西嗒
中文 到这边来检查一下吧。

韩文 체온을 재 주세요.
谐音 猜欧呢儿 栽 组腮呦
中文 量一下体温。

韩文 혈압을 재 주세요.
谐音 喝腰拉逼儿 栽 组腮呦
中文 量下血压。

韩文 여기에 누우세요.
谐音 腰各一耶 奴乌腮呦
中文 请躺在这里。

韩文 옷은 살짝 푸세요,청진해 보겠습니다.
谐音 欧色儿 三儿匝 扑腮呦 仓机耐 波该丝姆 你嗒
中文 把衣服解开一下,我听一下。

韩文 이제 소독만 하면 됩니다.
谐音 一栽 艘东慢 哈妙恩 杜埃姆你嗒
中文 消一下毒就可以了。

韩文 혈액 검사(오줌 검사) 한번 해 주세요.
谐音 喝腰来 高姆仁（欧租姆 高姆仁）憨奔 嗨 组腮呦
中文 请做一下验血（尿检）。

韩文 주사를 놓으세요.
谐音 组仁了儿 耨俄腮呦
中文 请去打针。

韩文 아스피린을 한번 드셔 보세요.
谐音 阿斯批哩呢儿 憨奔 的削 波腮呦
中文 先吃点儿阿司匹林看看。

韩文 몇 알씩 먹어야 하나요?
谐音 秒 阿儿西 猫高呀 哈哪呦
中文 一次吃几片?

韩文 한번에 한 알씩만 복용하십시오.
谐音 憨包耐 韩 阿儿星慢 逋哥拥哈西逋休
中文 一次服用一片。

韩文 얼마나 자주 이 약을 복용해야 됩니까?
谐音 祆儿妈那 匝租 一 呀各儿 逋哥拥嗨呀 杜埃姆你噶
中文 这药要多长时间服用一次?

韩文 매 5시간마다 한 알씩 복용하세요.
谐音 买 嗒扫西肝妈嗒 憨 阿儿细 逋哥拥哈腮呦
中文 每五个小时服用一粒。

韩文 2주동안 유행성 감기를 앓았어요.
谐音 一租东安 有航僧 嘎姆 各一 了儿 阿拉扫呦
中文 两周将会治好这流行性感冒。

韩文 돌아가서 쉬세요.
谐音 偷拉嘎骚 需腮呦
中文 回去多休息。

韩文 매운 음식 드시지 마세요.
谐音 买温 俄姆西 的西机 马腮哟
中文 不要吃辣的食物。

韩文 약을 찾으러 왔어요.
谐音 呀各儿 擦滋捞 洼扫哟
中文 我是来取药的。

韩文 진단서(입원증명)를 좀 떼 주세요.
谐音 金丹骚（一遍恩增名）了儿 奏 带 组腮哟
中文 请给我开一张诊断书（住院证明）。

韩文 회복이 빠르네요.
谐音 恢逋各一 巴了耐哟
中文 恢复得很好。

韩文 이제 다 나았다고 보면 됩니다.
谐音 一栽 嗒 哪阿嗒沟 波妙恩 杜埃姆你嗒
中文 看样子现在基本已经好了。

韩文 오늘 상태가 많이 호전됐네요.
谐音 欧呢儿 桑胎嘎 马妮 齁遭恩端耐呦
中文 今天的状态好多了。

韩文 이후에도 주의하세요.
谐音 一户耶兜 组一哈腮呦
中文 以后要多注意。

韩文 치료는 이미 다 끝났어요.
谐音 期溜嫩 一咪 嗒 根那扫呦
中文 治疗已经全部结束了。

韩文 오늘 이후에 검사하러 오지 않아도 되죠?
谐音 欧呢儿 一户耶 高姆仁哈捞 欧机 阿那兜 杜埃就
中文 今天结束以后,就不用再过来复查了吧?

韩文 필요 없습니다.
谐音 批溜 袄丝姆你嗒
中文 没有必要了。

>韩文 먼저 가 보도록 하겠습니다.
>谐音 猫恩遭 嘎 波兜漏 哈该丝姆你嗒
>中文 那我就先走了。

6. 在学校

>韩文 무슨 학교에 다닙니까?
>谐音 姆森 哈哥呦哀 嗒妮姆你噶
>中文 在哪所学校读书?

>韩文 서울대학교에 다닙니다.
>谐音 骚屋儿待哈哥呦哀 嗒妮姆你嗒
>中文 首尔大学。

>韩文 전공은 무엇입니까?
>谐音 增公恩 姆袄西姆你噶
>中文 学什么专业?

韩文 심리학을 전공하였습니다.
谐音 西姆哩哈哥儿 增公哈腰丝姆你嗒
中文 我的专业是心理学。

韩文 학교생활이 어때요?
谐音 哈哥呦三花哩 袄待呦
中文 学校生活怎么样?

韩文 한국말을 잘 몰라서 힘들지만 재미있어요.
谐音 憨公妈了儿 匝儿 某儿拉骚 黑姆 的儿机慢 栽咪一扫呦
中文 因为不会韩国语,生活很困难,但是很有趣。

韩文 학교는 어디에 있어요?
谐音 哈哥呦嫩 袄低哀 一扫呦
中文 学校在哪儿?

韩文 서울에 있어요.
谐音 骚屋来 一扫呦
中文 在首尔。

韩文 하숙집을 잡았어요?
谐音 哈苏机逓儿 匝巴扫呦
中文 住在寄宿房吗?

韩文 학교에 다니면서 기숙사에 있었어요.
谐音 哈哥呦哀 嗒你面骚 各一苏仁哀 一骚扫呦
中文 上学的时候住在宿舍。

韩文 이번 주말에 뭘 하나요?
谐音 一奔 租妈来 姆儿 哈那呦
中文 这周末干什么?

韩文 룸메이트랑 같이 63빌딩에 가기로 했어요.
谐音 噜买一特朗 嘎气 呦三逼儿叮哀 嘎各一漏 嗨扫呦
中文 说好和室友一起去63大厦。

韩文 한국어가 참 어려워요.
谐音 憨姑高嘎 擦姆 袄擦窝呦
中文 韩国语真难。

韩文 방학에는 뭘 할 예정입니까?
谐音 庞哈该嫩 姆儿 哈儿 耶增一姆你噶
中文 假期有什么打算?

韩文 부산에 여행을 가려고 해요.
谐音 扑仁奈 咬航儿 嘎撩沟 嗨呦
中文 想去釜山旅游。

韩文 아르바이트를 하고 싶습니다.
谐音 阿了巴一特了儿 哈沟 西丝姆你嗒
中文 想打工。

韩文 기말 시험은 논문을 써 내면 됩니다.
谐音 各一 妈儿 西蒿闷 麽姆呢儿 骚 奈面 杜埃姆你嗒
中文 期末考试交论文就可以。

韩文 어느 교실에서 수업을 하나요?
谐音 袄呢 哥呦西来骚 苏袄逋儿 哈那呦
中文 在哪个教室上课?

韩文 **호 교실에서 수업을 받아요.
谐音 **齁 哥呦西来骚 苏袄逦儿 巴嗒呦
中文 在**号教室上课。

韩文 졸업을 하고 뭘 할 예정입니까?
谐音 凑捞逦儿 哈沟 姆儿 哈儿 耶增一姆你噶
中文 毕业有什么打算?

韩文 사법고시를 볼까 생각 중입니다.
谐音 仨包沟西了儿 波儿嘎 三嘎 宗一姆你嗒
中文 我想参加司法考试。

7. 在公司

韩文 어서 일을 시작합시다.
谐音 袄骚 一了儿 西匝喀西嗒
中文 快开始工作吧。

> **韩文** 할 일이 많아요.
> **谐音** 哈 哩哩 妈那呦
> **中文** 要做的事很多。

> **韩文** 지금 바빠 죽겠어.
> **谐音** 期哥姆 巴爸 租该骚
> **中文** 忙死了。

> **韩文** 죄송하지만 지금 좀 바쁜데요.
> **谐音** 粗爱松哈机慢 机哥姆 奏 巴奔待呦
> **中文** 对不起,我现在很忙。

> **韩文** 퇴근 전까지 이 일을 끝낼 수 있나요?
> **谐音** 图爱跟 怎嘎机 一 一了儿 跟奈儿 苏 因那呦
> **中文** 下班前能完成这项工作吗?

> **韩文** 네. 그럴 것 같은데요.
> **谐音** 奈 科捞儿 高 嘎特恩待呦
> **中文** 是的,应该差不多。

韩文 좀 어려운 것 같은데요.
谐音 奏 袄撩温 高 嘎特恩待呦
中文 有点儿难度。

韩文 내일 끝내도 안 돼나요?
谐音 奈一儿 跟奈兜 安 杜埃那呦
中文 明天结束不行吗?

韩文 이 서류를 어떻게 작성하죠?
谐音 一 骚溜了儿 袄刀开 匝僧哈就
中文 这份文件应该怎么起草?

韩文 이 보고서를 좀 복사해 주시겠어요?
谐音 一 波沟骚了儿 奏 波仁嗨 租西该扫呦
中文 能给我复印一下这份报告吗?

韩文 몇 부 복사해 드릴까요?
谐音 秒 逋 波仁嗨 的哩儿嘎呦
中文 要几份?

韩文 회의는 언제 있습니까?
谐音 灰一嫩 恩栽 一丝姆你噶
中文 会议什么时候开始?

韩文 회의는 얼마나 오래 걸리죠?
谐音 灰一嫩 袄儿妈那 欧来 高儿哩就
中文 会议要持续多久?

韩文 아마 10시에 끝날 겁니다.
谐音 阿妈 腰儿西哀 跟那儿 高姆你嗒
中文 大概10点能结束。

韩文 책상 위에 메모가 있습니다.
谐音 猜桑 迂哀 买牟嘎 一丝姆你嗒
中文 桌上有便条。

韩文 중요한 전화가 와 있는데요.
谐音 聪呦憨 遭奴阿嘎 挖 因嫩待呦
中文 来了个重要的电话。

- **韩文** 알았어, 고마워요.
- **谐音** 阿拉骚 口妈窝呦
- **中文** 知道了,谢谢你。

- **韩文** 점심 시간이 다 됐네요.
- **谐音** 遭姆 西姆 西嘎妮 嗒 杜埃奈呦
- **中文** 午餐时间到了。

- **韩文** 오늘 업무 전부 끝났어요.
- **谐音** 欧呢儿 袄姆 遭恩逋 跟那扫呦
- **中文** 今天的工作都结束了。

- **韩文** 오늘 수고했습니다.
- **谐音** 欧呢儿 苏沟嗨丝姆你嗒
- **中文** 今天辛苦了。

- **韩文** 오늘도 야근해야 돼요.
- **谐音** 欧呢儿兜 呀哥奈呀 杜埃呦
- **中文** 今天要加班。

韩文 벌써 퇴근 시간이 다 됐네요.
谐音 包儿骚 图爱跟 西嘎妮 嗒 杜埃奈呦
中文 已经下班了。

求助支援篇

1. 问路

韩文 여기가 어디인가요?
谐音 腰各一嘎 袄地因噶呦
中文 这是哪儿?

韩文 길을 잃었어요.
谐音 各一 了儿 一捞扫呦
中文 我迷路了。

韩文 부산역에 어떻게 가야 하나요?
谐音 逋仨尿该 袄到开 嘎呀 哈哪呦
中文 请问去釜山站应该怎么走?

韩文 저는 외국인이에요. 저는 여기 길이 익숙치 않아요.

谐音 草嫩 歪孤各因一耶呦 草嫩 咬各一 哥一哩 一苏期 阿那呦

中文 我是外国人,不太熟悉这儿的路线。

韩文 어디에서 환승해야 하나요?

谐音 袄地耶骚 欢僧嗨呀 哈哪呦

中文 得在哪儿倒车啊?

韩文 어떻게 가야 되죠?

谐音 袄到开 嘎呀 杜埃就

中文 得怎么去啊?

韩文 저는 내리려는 역을 지나쳤어요. 어떡해요?

谐音 草嫩 耐哩燎嫩 要各儿 机那敲扫呦 袄到开呦

中文 我坐过站了,该怎么办呢?

韩文 실례지만 잘못 내렸어요. 어떻게 해야 하나요?

谐音 西儿来机慢 匝儿哞 耐撩扫呦 袄到开 嗨呀 哈哪呦

中文 对不起,我下错车了,该怎么办呢?

韩文 제가 틀린 곳으로 갔군요.

谐音 采嘎 特儿拎 沟丝漏 嘎孤拗

中文 我走错地方了。

韩文 저는 차를 잘못 탔어요.

谐音 草嫩 擦了儿 擦儿哞 他扫呦

中文 我坐错车了。

韩文 부근에 화장실이 있어요?

谐音 普各耐 花脏西哩 一扫呦

中文 附近有洗手间吗?

韩文 공중전화가 어디에 있어요?
谐音 公宗遭奴阿嘎 袄地耶 一扫呦
中文 公共电话在哪里?

韩文 상점은 어디에 있어요?
谐音 桑遭闷 袄地耶 一扫呦
中文 商店在哪里?

韩文 보관소가 어디예요?
谐音 波观艘嘎 袄地也呦
中文 寄存处在哪里?

2. 帮忙

韩文 저 좀 도와 주실 수 있으세요?
谐音 草 奏 兜挖 组西儿 苏 一丝腮呦
中文 能帮下忙吗?

韩文 저를 좀 도와 주시겠습니까?
谐音 草了儿 奏 兜挖 组西该丝姆你噶
中文 可否帮我一下？

韩文 (당신은) 이 문제를 해결해 주시겠습니까?
谐音 （唐西嫩） 一 门栽了儿 嗨哥腰来 组西该丝姆你噶
中文 请帮我解决这个问题好吗？

韩文 핸드폰 좀 빌려 쓸 수 있어요?
谐音 憨的喷 奏 比儿撩 丝儿 苏 一扫呦
中文 能用您的手机打个电话吗？

韩文 전화 좀 해 줘요. 번호는…
谐音 草奴阿 奏 嗨 左呦 包耨嫩…
中文 请帮我打个电话，号码是……

韩文 불 좀 빌려 주시겠습니까?
谐音 扑儿 奏 逼儿撩 组西该丝姆你噶
中文 请借个火，好吗？

韩文 택시를 불러 주십시오.
谐音 胎西了儿 遘儿捞 组西遘休
中文 请帮我叫一辆出租车。

韩文 짐이 너무 무거워요. 도와 주실 수 있어요?
谐音 机咪 恼木 姆高我呦 偷挖 组西儿 苏 一扫呦
中文 对不起，行李太重，能帮我一下吗？

韩文 역에 포터가 있어요? 불러 주실 수 있어요?
谐音 腰该 剖掏嘎 一扫呦 不儿捞 组西儿 苏 一扫呦
中文 车站里有收费运行李的服务吗？能帮我叫一下吗？

韩文 표 한 장 사 주십시오.
谐音 飘 憨 脏 仨 组西遘休
中文 请帮我买一张票。

韩文 승무원(차장)을 불러 주시겠어요?
谐音 僧木温（擦脏）儿 遘儿捞 组西该扫呦
中文 能帮我叫一下乘务员（车长）吗？

韩文 제가 이 양식에 기입하는 것을 도와 주십시오.

谐音 采嘎 一 央西该 各一一趴嫩 高色儿 兜挖组西部休

中文 请帮我填写这份表格。

韩文 여행자 수표를 분실해서 분실신고 수속을 해야 합니다.

谐音 咬航匝 苏飘了儿 奔西来骚 奔西儿新沟 苏艘各儿 嗨呀 哈姆你嗒

中文 我的旅行支票丢失了,需要办理挂失手续。

韩文 제 연필 좀 찾아 주시겠어요?

谐音 采 延批儿 奏 擦匝 组西该扫呦

中文 能帮我找一下铅笔吗?

韩文 제 차가 사고 났습니다. 경찰을 불러 주세요.

谐音 采 擦嘎 仨沟 哪丝姆你嗒 哥央擦了儿 不儿捞组腮呦

中文 我的车出事故了,请叫警察。

3. 遭窃

韩文 차에 도둑이 있어요, 제 지갑을 도둑맞았이요.

谐音 擦耶 兜督哥一 一扫呦 采 机嘎递儿 兜督马西扫哟

中文 车上有小偷，我的钱包被偷了。

韩文 죄송하지만 기차표를 잃어버렸어요.

谐音 促癌松哈机慢 各一擦飘了儿 一捞包撩扫呦

中文 对不起，车票丢了。

韩文 제 핸드폰을 도둑맞았어요.

谐音 采 憨的喷呢儿 兜督马匹扫呦

中文 我的手机被偷了。

韩文 제 물품을 다 잃어버렸으니 지금 어떻게 해요?

谐音 采 木儿普木儿 嗒 一捞包撩丝妮 机各姆 袄到开 嗨呦

中文 我所有的东西都丢了，现在怎么办？

4. 呼救

韩文 사람 살려!
谐音 仁拉姆 仁儿撩
中文 救命!

韩文 도둑이야!
谐音 投督哥一呀
中文 打劫了!

韩文 불이야!
谐音 普哩呀
中文 着火了!

韩文 사람이 물에 빠졌어요!
谐音 仁拉咪 木来 巴浇扫呦
中文 有人溺水了!

韩文 도둑을 잡아!
谐音 兜督各儿 匝巴
中文 抓小偷啊!

韩文 빨리 도와줘!
谐音 巴儿哩 兜挖左
中文 快来帮忙啊!

韩文 사람이 있어?
谐音 仁拉咪 一骚
中文 有人吗?

韩文 빨리 와. 큰일 났구나!
谐音 巴儿哩 挖 科妮儿 哪孤那
中文 快来人啊,出事了!

韩文 사람이 쓰러졌어요.
谐音 仁拉咪 丝捞浇扫呦
中文 有人晕倒了。

5. 警局

韩文 당신의 이름이 뭐예요?
谐音 唐西耐 一了咪 摸也呦
中文 您叫什么名字?

韩文 어느 나라 사람이에요?
谐音 祆呢 那拉 仨拉咪耶呦
中文 你是哪国人?

韩文 어디에서 살고 있어요?
谐音 祆地耶膄 仨儿沟 一扫呦
中文 您住在哪里?

韩文 무슨 일이 생겼어요?
谐音 木森 一哩 三哥腰扫呦
中文 发生了什么事?

韩文 발생한 사건을 자세히 말해 주세요.
谐音 趴儿三憨 仁高呢儿 匝腮黑 马来 组腮呦
中文 请把发生的事叙述一下。

韩文 제 가방을 도둑 맞았습니다. 찾는 걸 도와 주세요.
谐音 采 嘎帮儿 兜督 马砸丝姆你嗒 擦嫩 高儿 兜挖 组腮呦
中文 我的包被偷了,请帮助寻找。

韩文 제 자전거를 도둑 맞았어요.
谐音 采 匝遭恩高了儿 兜督 马匝扫呦
中文 我的自行车被偷了。

韩文 저는 교통사고를 당했어요.
谐音 草嫩 哥优通信沟了儿 唐嗨扫呦
中文 我发生了车祸。

韩文 제 재물을 강탈당했어요.
谐音 采 载木了儿 刚他儿 当嗨扫呦
中文 我被抢劫了。

韩文 당신의 전화번호를 남겨 주세요.
谐音 唐西耐 早奴阿包耨了儿 哪姆 哥腰 组腮呦
中文 留下您的电话。

韩文 무슨 일이 있으면 알려 드릴게요.
谐音 母森井一哩 一丝妙恩 阿儿撩 的哩该呦
中文 有事我们会通知你。

6. 语言不通

韩文 이것을 한국에선 뭐라고 부르죠?
谐音 一高色儿 憨孤该骚 摸拉沟 不了就
中文 这个用韩国语怎么说?

韩文 한국어로 어떻게 쓰죠?
谐音 憨孤高漏 袄到开 丝就
中文 用韩国语怎么拼写啊?

韩文 그 광고는 뭐라고 쓴 건가요?
谐音 科 光沟嫩 摸拉 森 高恩噶呦
中文 那个广告牌上写什么了?

韩文 난 알아 볼 수 없어요.
谐音 南 阿拉 波儿 苏 袄扫呦
中文 我看不懂。

韩文 당신에게 단어 하나만 물어봐도 될까요?
唐西耐该 嗒恼 哈那慢 木捞巴兜 杜埃儿噶呦
谐音/中文 想问你个单词,可以吗?

韩文 아직도 모르겠어요.
谐音 阿机兜 牟了该骚呦
中文 我还是不懂。

韩文 무슨 얘기를 하는지 모르겠어요.
谐音 姆森 耶哥一 了儿 哈嫩机 牟了该扫呦
中文 我不知道你说什么。

单词必备篇

1. 数字

- 韩文 하나(한)
- 谐音 哈那(憨)
- 中文 1

- 韩文 둘(두)
- 谐音 肚儿(肚)
- 中文 2

- 韩文 셋
- 谐音 腮
- 中文 3

- 韩文 넷
- 谐音 耐
- 中文 4

- 韩文 다섯
- 谐音 塔骚
- 中文 5

- 韩文 여섯
- 谐音 咬骚
- 中文 6

- 韩文 일곱
- 谐音 一儿购
- 中文 7

- 韩文 여덟
- 谐音 咬到儿
- 中文 8

- 韩文 아홉
- 谐音 阿后
- 中文 9

韩文 열
谐音 咬儿
中文 10

韩文 열한(열하나)
谐音 咬兰(咬拉那)
中文 11

韩文 열두(열둘)
谐音 咬儿肚(咬儿 督儿)
中文 12

韩文 열세(열셋)
谐音 咬儿腮(咬儿腮)
中文 13

韩文 열네(열넷)
谐音 咬儿耐(咬儿奈)
中文 14

韩文 열다섯
谐音 咬儿打臊
中文 15

韩文 열여섯
谐音 咬撩骚
中文 16

韩文 열일곱
谐音 咬哩儿购
中文 17

韩文 열여덟
谐音 咬燎到儿
中文 18

韩文 열아홉
谐音 咬拉后
中文 19

> **韩文** 스물
> **谐音** 思木儿
> **中文** 20

> **韩文** 서른
> **谐音** 骚了恩
> **中文** 30

> **韩文** 마흔
> **谐音** 妈喝恩
> **中文** 40

> **韩文** 쉰
> **谐音** 讯
> **中文** 50

> **韩文** 예순
> **谐音** 也孙
> **中文** 60

> **韩文** 일흔
> **谐音** 一了恩
> **中文** 70

> **韩文** 여든
> **谐音** 咬的恩
> **中文** 80

> **韩文** 아흔
> **谐音** 阿喝恩
> **中文** 90

> **韩文** 백
> **谐音** 百
> **中文** 100

> **韩文** 천
> **谐音** 糙恩
> **中文** 1,000

> 韩文 만
> 谐音 慢
> 中文 10,000

> 韩文 십만
> 谐音 新慢
> 中文 100,000

> 韩文 백만
> 谐音 百慢
> 中文 1,000,000

> 韩文 천만
> 谐音 糙恩慢
> 中文 10,000,000

> 韩文 억
> 谐音 奥
> 中文 100,000,000

2. 时间

> 韩文 월요일
> 谐音 我溜一儿
> 中文 星期一

> 韩文 화요일
> 谐音 花优一儿
> 中文 星期二

> 韩文 수요일
> 谐音 苏优一儿
> 中文 星期三

> 韩文 목요일
> 谐音 某哥优 一儿
> 中文 星期四

韩文 금요일
谐音 哥缪一儿
中文 星期五

韩文 토요일
谐音 偷优一儿
中文 星期六

韩文 일요일
谐音 一溜一儿
中文 星期日

韩文 일일
谐音 一哩儿
中文 1号

韩文 이일
谐音 一一儿
中文 2号

韩文 삼일
谐音 仨咪儿
中文 3号

韩文 사일
谐音 仨一儿
中文 4号

韩文 오일
谐音 欧一儿
中文 5号

韩文 육일
谐音 优哥一儿
中文 6号

韩文 칠일
谐音 期哩儿
中文 7号

韩文 팔일
谐音 趴哩儿
中文 8号

韩文 구일
谐音 孤一儿
中文 9号

韩文 십일
谐音 西逼儿
中文 10号

韩文 십일일
谐音 西逼哩儿
中文 11号

韩文 십이일
谐音 西逼一儿
中文 12号

韩文 십삼일
谐音 西仁咪儿
中文 13号

韩文 십사일
谐音 西仁一儿
中文 14号

韩文 십오일
谐音 西波一儿
中文 15号

韩文 십육일
谐音 西逼优 哥一儿
中文 16号

韩文 십칠일
谐音 西期哩儿
中文 17号

韩文 십팔일
谐音 西趴哩儿
中文 18号

韩文 십구일
谐音 西孤一儿
中文 19号

韩文 이십일
谐音 一西逼儿
中文 20号

韩文 이십일일
谐音 一西逼哩儿
中文 21号

韩文 이십이일
谐音 一西逼一儿
中文 22号

韩文 이십삼일
谐音 一西仁咪儿
中文 23号

韩文 이십사일
谐音 一西仁一儿
中文 24号

韩文 이십오일
谐音 一西波一儿
中文 25号

韩文 이십육일
谐音 一西逼优 哥一儿
中文 26号

韩文 이십칠일
谐音 一西期哩儿
中文 27号

韩文 이십팔일
谐音 一西趴哩儿
中文 28号

韩文 이십구일
谐音 一西孤一儿
中文 29号

韩文 삼십일
谐音 仁西逼儿
中文 30号

韩文 삼십일일
谐音 仁姆西逼哩儿
中文 31号

韩文 일월
谐音 一啰儿
中文 1月

韩文 이월
谐音 一窝儿
中文 2月

韩文 삼월
谐音 仁摸儿
中文 3月

韩文 사월
谐音 仁窝儿
中文 4月

韩文 오월
谐音 欧窝儿
中文 5月

韩文 유월
谐音 优喔儿
中文 6月

韩文 칠월
谐音 期啰儿
中文 7月

韩文 팔월
谐音 趴啰儿
中文 8月

韩文 구월
谐音 孤窝儿
中文 9月

韩文 시월
谐音 西喔儿
中文 10月

韩文 십일월
谐音 西逼啰儿
中文 11月

韩文 십이월
谐音 西逼窝儿
中文 12月

3. 交通

韩文 운전 면허증
谐音 乌恩 早恩 名蒿赠
中文 驾照

韩文 고가 도로
谐音 沟嘎 斗漏
中文 高架路

韩文 자동검표기
谐音 匝东 高姆飘各一
中文 自动检票机

韩文 버스
谐音 包丝
中文 公共汽车

韩文 무인 매표차
谐音 木因 卖飘擦
中文 无人售票车

韩文 왕복 버스
谐音 王波 包丝
中文 穿梭巴士

韩文 냉난방 열차
谐音 奶肮南帮 咬儿擦
中文 空调车

韩文 급행열차
谐音 哥拍肮 咬儿擦
中文 直达特快

韩文 택시
谐音 胎西
中文 出租车

韩文 이층버스
谐音 一层包丝
中文 双层巴士

韩文 측정기
谐音 疵增各一
中文 计程表

韩文 공항버스
谐音 空航包丝
中文 机场班车

韩文 지하철
谐音 机哈糙儿
中文 地铁

韩文 자기 부상 열차
谐音 匹各一 逋桑 咬儿擦
中文 磁悬浮列车

韩文 보행 전용 도로
谐音 波航 遭妞拥 兜漏
中文 步行街

韩文 육교
谐音 优哥优
中文 人行天桥

韩文 입체 교차교
谐音 一猜 哥优擦哥优
中文 立交桥

4. 体育

韩文 높이뛰기
谐音 耨批 的鱼 各一
中文 跳高

韩文 멀리뛰기
谐音 猫儿哩的鱼 各一
中文 跳远

韩文 투포환
谐音 突剖欢
中文 铅球

韩文 원반 던지기
谐音 温班 到恩机各一
中文 铁饼

韩文 해머 던지기
谐音 嗨猫 到恩机各一
中文 链球

韩文	谐音	中文
경보 경기	哥央波 哥央 各一	竞走比赛
마라톤	马拉通	马拉松
다이빙 경기	塔一冰 哥央 各一	跳水
체조	猜邹	体操
탁구	他孤	乒乓球
축구	粗孤	足球
농구	农孤	篮球
배구	拍孤	排球
야구	呀孤	棒球
소프트볼	艘扑特波儿	垒球

韩文 테니스
谐音 胎妮丝
中文 网球

韩文 자전거
谐音 匝遭恩高
中文 自行车

韩文 배드민턴
谐音 拍的民涛恩
中文 羽毛球

韩文 유도
谐音 优兜
中文 柔道

韩文 역도
谐音 咬斗
中文 举重

韩文 권투
谐音 捆突
中文 拳击

韩文 사격
谐音 仁高
中文 射击

韩文 씨름
谐音 细了姆
中文 摔跤

韩文 펜싱
谐音 潘星
中文 击剑

韩文 태권도
谐音 胎过恩斗
中文 跆拳道

5. 电器

韩文 라디오
谐音 拉地欧
中文 收音机

韩文 카메라
谐音 喀卖拉
中文 照相机

韩文 디지털 카메라
谐音 地机涛儿 喀卖拉
中文 数码相机

韩文 핸드폰
谐音 憨的喷
中文 手机

韩文 스테레오 전축
谐音 丝胎来欧 遭恩粗
中文 立体声音响

韩文 캥코더
谐音 看姆抠倒
中文 摄像机

韩文 CD 워크맨
谐音 CD 窝科慢
中文 CD随身听

韩文 브이티아르
谐音 逋一踢阿了
中文 录像机

韩文 녹음기
谐音 耨各姆 哥一
中文 录音机

韩文 컴퓨터
谐音 考批优特
中文 电脑

韩文 노트북
谐音 耨特通
中文 笔记本电脑

韩文 에어컨
谐音 爱凹科恩
中文 空调

韩文 커피기
谐音 考批各一
中文 咖啡机

韩文 토스터
谐音 偷丝涛
中文 烤面包机

韩文 선풍기
谐音 骚烹各一
中文 电风扇

韩文 스덤 다리미
谐音 丝踢姆 嗒哩咪
中文 蒸汽熨斗

韩文 전기 스댄드
谐音 遭恩 各一 丝滩的
中文 台灯

韩文 시계
谐音 西该
中文 挂钟

韩文 텔레비전
谐音 胎儿来逼遭恩
中文 电视

6. 颜色

韩文 흰색
谐音 恢恩腮
中文 白色

韩文 검정색
谐音 高姆增腮
中文 黑色

韩文 회색
谐音 恢腮
中文 灰色

韩文 노랑색
谐音 耨浪腮
中文 黄色

韩文 녹색
谐音 耨腮
中文 绿色

韩文 파랑색
谐音 趴浪腮
中文 蓝色

韩文 빨강색
谐音 巴儿刚腮
中文 红色

韩文 분홍색
谐音 逋农腮
中文 粉红

韩文 보라색
谐音 波拉腮
中文 紫色

韩文	갈색	韩文	배
谐音	嘎儿腮	谐音	掰
中文	棕色	中文	梨

7. 水果

韩文	감
谐音	嘎姆
中文	柿子

韩文	바나나
谐音	巴那那
中文	香蕉

韩文	포도
谐音	剖兜
中文	葡萄

韩文	파인애플
谐音	趴一耐扑儿
中文	菠萝

韩文	딸기
谐音	嗒儿 各一
中文	草莓

韩文	사과
谐音	仁瓜
中文	苹果

韩文	앵두
谐音	爱肮督
中文	樱桃

韩文 복숭아	**韩文** 야자
谐音 波松阿	**谐音** 呀匝
中文 桃	**中文** 椰子
韩文 오렌지	**韩文** 자두
谐音 欧来恩机	**谐音** 匝督
中文 橙子	**中文** 李子
韩文 레몬	**韩文** 망고
谐音 来哞恩	**谐音** 忙沟
中文 柠檬	**中文** 芒果
韩文 키위	**韩文** 수박
谐音 科一鱼	**谐音** 苏巴
中文 猕猴桃	**中文** 西瓜
韩文 귤	**韩文** 살구
谐音 哥优儿	**谐音** 撒儿孤
中文 桔子	**中文** 杏

8. 化妆品

韩文 크림
谐音 科哩姆
中文 面霜

韩文 크린징 로션
谐音 科淋京 漏削恩
中文 洗面奶

韩文 스킨
谐音 丝科因
中文 化妆水

韩文 밀크 로션
谐音 咪儿科 漏削恩
中文 乳液

韩文 아이 크림
谐音 阿一 科哩姆
中文 眼霜

韩文 에센스
谐音 耶三丝
中文 精华素

韩文 썬크림
谐音 臊恩科哩姆
中文 防晒霜

韩文 마스크 팩
谐音 妈丝科 拍
中文 面膜

韩文 콤팩트
谐音 抠姆拍特
中文 粉盒

韩文	블로셔
谐音	扑儿漏削
中文	腮红

韩文	립스틱
谐音	哩丝踢
中文	口红

韩文	향수
谐音	香苏
中文	香水

韩文	매니큐어
谐音	买妮科优凹
中文	指甲油

韩文	바디 크린져
谐音	趴地 科拎浇
中文	沐浴露

9. 称谓

韩文	아버지
谐音	阿包机
中文	爸爸

韩文	어머니
谐音	凹猫妮
中文	妈妈

韩文	누나
谐音	奴呐
中文	姐姐（男叫女）

韩文	언니
谐音	恩妮
中文	姐姐（女叫女）

韩文 형	**韩文** 아내
谐音 喝样	**谐音** 阿奈
中文 哥哥（男叫男）	**中文** 妻子
韩文 오빠	**韩文** 아들
谐音 欧爸	**谐音** 阿的儿
中文 哥哥（女叫男）	**中文** 儿子
韩文 남동생	**韩文** 딸
谐音 南东三	**谐音** 大儿
中文 弟弟	**中文** 女儿
韩文 여동생	**韩文** 할아버지
谐音 腰东三	**谐音** 哈拉包机
中文 妹妹	**中文** 祖父
韩文 남편	**韩文** 할머니
谐音 南飘恩	**谐音** 哈儿猫妮
中文 丈夫	**中文** 祖母

韩文 외할아버지	**韩文** 외손녀
谐音 歪哈拉包机	**谐音** 歪搜恩尿
中文 外祖父	**中文** 外孙女

韩文 외할머니	**韩文** 큰아버지
谐音 歪哈儿猫妮	**谐音** 科恩阿包机
中文 外祖母	**中文** 伯父

韩文 손자	**韩文** 큰어머니
谐音 搜恩匝	**谐音** 科恩凹猫妮
中文 孙子	**中文** 伯母

韩文 손녀	**韩文** 작은아버지
谐音 搜恩尿	**谐音** 匝根阿包机
中文 孙女	**中文** 叔父

韩文 외손자	**韩文** 작은어머니
谐音 歪搜恩匝	**谐音** 匝根凹猫妮
中文 外孙子	**中文** 叔母

韩文 고모	韩文 외숙모
谐音 沟牟	谐音 歪孙牟
中文 姑姑	中文 舅母

韩文 고모부	韩文 생질
谐音 沟牟逋	谐音 三机儿
中文 姑丈	中文 外甥

韩文 이모	韩文 조카
谐音 一牟	谐音 邹喀
中文 姨母	中文 侄子

韩文 이모부	韩文 조카딸
谐音 一牟逋	谐音 邹喀大儿
中文 姨丈	中文 侄女

韩文 외삼촌	韩文 사촌형제
谐音 歪仁姆村	谐音 仁村喝样栽
中文 舅父	中文 堂兄弟

- 韩文: 사촌자매
- 谐音: 仁村匹卖
- 中文: 堂姐妹

- 韩文: 흥분하다
- 谐音: 亨逋呐嗒
- 中文: 兴奋

10. 情绪

- 韩文: 사랑하다
- 谐音: 仁浪哈嗒
- 中文: 爱

- 韩文: 행복하다
- 谐音: 航波喀嗒
- 中文: 幸福

- 韩文: 좋아하다
- 谐音: 凑阿哈嗒
- 中文: 喜欢

- 韩文: 기대하다
- 谐音: 科一待哈嗒
- 中文: 期待

- 韩文: 기쁘다
- 谐音: 科一逋嗒
- 中文: 高兴

- 韩文: 그립다
- 谐音: 科哩嗒
- 中文: 想念

- 韩文: 화내다
- 谐音: 花奈嗒
- 中文: 生气

韩文 분노하다	**韩文** 긴장하다
谐音 奔耨哈嗒	**谐音** 科因脏哈嗒
中文 愤怒	**中文** 紧张
韩文 원망하다	**韩文** 슬프다
谐音 温忙哈嗒	**谐音** 思儿扑嗒
中文 恨	**中文** 悲伤
韩文 밉다/싫다	**韩文** 괴롭다
谐音 咪嗒/西儿它	**谐音** 乖漏嗒
中文 讨厌	**中文** 难过
韩文 질투하다	**韩文** 우울하다
谐音 期儿突哈嗒	**谐音** 乌乌拉嗒
中文 嫉妒	**中文** 忧郁
韩文 부럽다	**韩文** 고민하다
谐音 逋捞嗒	**谐音** 沟咪呐嗒
中文 羡慕	**中文** 烦恼

- **韩文** 두렵다
- **谐音** 突撩嗒
- **中文** 害怕

- **韩文** 걱정하다
- **谐音** 高增哈嗒
- **中文** 担心

- **韩文** 수줍다
- **谐音** 苏租嗒
- **中文** 害羞

- **韩文** 대소하다
- **谐音** 待搜哈嗒
- **中文** 大笑

- **韩文** 미소짖다
- **谐音** 咪搜机嗒
- **中文** 微笑

- **韩文** 웃다
- **谐音** 乌嗒
- **中文** 欢笑

11. 衣类

- **韩文** 양복
- **谐音** 央波
- **中文** 西装

- **韩文** 운동복
- **谐音** 温东波
- **中文** 运动服

- **韩文** 잠옷
- **谐音** 匝牟
- **中文** 睡衣

- **韩文** 평상복
- **谐音** 飘昂桑波
- **中文** 休闲服

- **韩文** 정장
- **谐音** 增脏
- **中文** 套装

- **韩文** 아동복
- **谐音** 阿东波
- **中文** 童装

- **韩文** 웨딩드레스
- **谐音** 歪盯的来丝
- **中文** 婚纱

- **韩文** 작업복
- **谐音** 匝高波
- **中文** 工作服

- **韩文** 제복
- **谐音** 栽波
- **中文** 制服

- **韩文** 웃옷
- **谐音** 乌搜
- **中文** 上衣

- **韩文** 셔츠
- **谐音** 削次
- **中文** 衬衫

- **韩文** 티셔츠
- **谐音** 踢削次
- **中文** T恤

- **韩文** 조끼
- **谐音** 凑各一
- **中文** 背心

韩文	외투
谐音	歪突
中文	外套

韩文	코트
谐音	抠特
中文	风衣

韩文	반팔
谐音	潘趴儿
中文	短袖

韩文	긴팔
谐音	科因 趴儿
中文	长袖

韩文	민소매
谐音	民搜卖
中文	无袖

韩文	바지
谐音	巴机
中文	裤子

韩文	청바지
谐音	增巴机
中文	牛仔裤

韩文	치마
谐音	期妈
中文	裙子